«Este es un libro hermoso que [...] corazones de dos pastores (separados por tiempo y cultura) sobre el tema de la gracia. Primero, está el corazón palpitante de un pastor africano, Emmanuel T. Sibomana, quien, hace muchos años, escribió el magnífico himno de siete estrofas: *¡Oh, cómo me asombra la gracia de Dios!* Luego está el corazón agradecido y receptivo del conocido pastor y teólogo Sinclair Ferguson, quien tomó las siete deslumbrantes facetas del himno africano y las presenta a la luz de la Palabra de Dios para iluminar nuestras almas. *Solo por gracia* es un libro que sacudirá tu corazón».

—*R. Kent Hughes*
Profesor de teología práctica, Seminario Teológico Westminster,
Filadelfia, Pensilvania

«La mayoría de nosotros tenemos libros sobre una mesa o alguna estantería, esperando a ser leídos. No permitas que este libro esté en esa categoría. Sinclair Ferguson es una de las luces más claras y brillantes del cristianismo evangélico actual. Este libro te mostrará la libertad y la exuberancia de vivir en la gracia de Dios a través de Jesucristo. Lee este libro para ser alentado y compártelo a un nuevo discípulo o un vecino incrédulo».

—*Russell D. Moore*
Presidente, Comité de Ética y Libertad Religiosa
Nashville, Tennessee

«Rico en exposiciones bíblicas y en profundidad teológica, *Solo por gracia* es una serie de grandes mensajes de uno de los mejores predicadores de la actualidad sobre algunos de los mejores textos de las Escrituras, todo sobre uno de los mejores temas de la Biblia: ¡la asombrosa gracia! Este libro estimulará tu mente, despertará tu afecto, convencerá a tu alma, ganará tu corazón y te llevará a la acción.

Además, evangelizará, discipulará y madurará a todo tipo de lectores. El Dr. Ferguson nos ha dado otro banquete, y aquí hay comida para todos: salvos y no salvos, ministros y laicos, jóvenes y viejos».

—Joel R. Beeke
Presidente, Seminario Teológico Puritano Reformado
Grand Rapids, Michigan

«Las meditaciones bíblicamente perspicaces y pastoralmente profundas de Sinclair Ferguson sobre la múltiple gracia de Dios están colgadas como perlas en las estrofas del himno africano: *¡Oh, cómo me asombra la gracia de Dios!* Cristo está en el centro, como debe ser: en Él, nuestros corazones esclavizados encuentran libertad, nuestros corazones culpables encuentran perdón, nuestros corazones atribulados encuentran un Defensor en la oscuridad, y nuestros corazones atribulados encuentran fuerza para resistir las tentaciones del enemigo. Corazón sediento, ven a Jesús y bebe profundamente de Su fuente de gracia asombrosa, que da vida, imparte alegría y mantiene la esperanza».

—Dennis E. Johnson
Profesor de teología práctica, Seminario Westminster de California
Escondido, California

SOLO POR GRACIA

SINCLAIR B. FERGUSON
SOLO POR GRACIA

¡CÓMO ME ASOMBRA LA GRACIA DE DIOS!

B&H
ESPAÑOL
NASHVILLE, TENNESSEE

Solo por gracia: ¡cómo me asombra la gracia de Dios!

Copyright © 2020 por Sinclair Ferguson
Todos los derechos reservados.
Derechos internacionales registrados.

B&H Publishing Group
Nashville, TN 37234

Clasificación Decimal Dewey: 230
Clasifíquese: RELIGION / VIDA CRISTIANA / GENERAL

Publicado originalmente por Reformation Trust Publishing con el título
By Grace Alone: How the Grace of God Amazes Me © 2010 por Sinclair
Ferguson.

A menos que se indique otra cosa, las citas bíblicas se han tomado de La
Santa Biblia, Nueva Versión Internacional®, © 1999 por Biblica, Inc. ®. Usadas con permiso. Todos los derechos reservados. Las citas bíblicas marcadas
DHH se tomaron de Dios Habla Hoy®, Tercera edición, © 1966, 1970,
1979, 1983, 1996 por Sociedades Bíblicas Unidas. Usadas con permiso.

ISBN: 978-1-5359-9710-2

Impreso en EE. UU.
1 2 3 4 5 * 23 22 21 20

A
Murdo y Alison
Maclean

Una vez colegas, siempre amigos
Con gratitud y cariño

ÍNDICE

PRÓLOGO

onocí a Sinclair Ferguson en julio de 2009, en Ginebra, Suiza, cuando varios líderes de la Iglesia se reunieron para celebrar el quincentenario del nacimiento de Juan Calvino, un renombrado reformador europeo y predicador de la gracia divina. Cuando Sinclair me pidió que escribiera el prólogo de este libro, no sabía qué sorpresa me había reservado Dios en Su gracia.

A media mañana de un miércoles de septiembre de ese año, fui a visitar una casa en un barrio residencial de la ciudad de Kampala, Uganda. Este no era un hogar común y corriente, sino uno que acoge huérfanos y niños necesitados de las calles y les ofrece el amor de Jesús. Nos encontramos con una treintena de niños sonrientes cuyas caras reflejaban felicidad, salud y seguridad.

Luego, comenzaron a contarme sus historias. La policía había recogido a una niña cuando llevaba tres semanas abandonada. Otro había sido descubierto en el frío sin comida, refugio o ropa. Las historias continuaron y continuaron.

Los niños nos relataron sus historias en una canción compuesta por el director de ese ministerio. Esta canción era triste, pero alegre; pesimista, pero con una nota de victoria. Mientras escuchaba las palabras y la melodía, mi corazón se derretía.

Una niña de trece años llamada Ana (no es su nombre real), me llamó la atención. El Espíritu Santo destacó su rostro mientras la veía cantar. Se veía hermosa, pero había un dejo de tristeza en su rostro. Había perdido a sus padres a una temprana edad y luchado sola en las calles de Kampala antes de llegar a este hogar de transición.

Sabía que esta joven me perseguiría por el resto de mi vida si no hacía algo. Dos semanas después de este encuentro, Ana se convirtió en parte de mi familia.

En su libro, Sinclair revela las grandiosas sorpresas de Dios que llamamos «gracia». Nos muestra cómo Dios se inclina para alcanzar a un alma perdida y anhelante; un alma que ha recorrido un camino de soledad y oscuridad; un alma que, como Ana, nunca pensaría que un cambio es posible. Dios viene porque mira con gran amor y se mueve con una ternura indescriptible. Su deseo es rescatar a los quebrantados y dolidos, a los perdidos y a los abandonados.

Sinclair ofrece una visión de esta gracia a la mente inquisitiva y al alma hambrienta. Recomiendo su libro al que anhela saber de la verdad del Dios que nos busca. Tu alma se nutrirá y tu fe se fortalecerá.

—Reverendo Henry Luke Orombi
Arzobispo, Iglesia (Anglicana) de Uganda
Kampala, Uganda
Octubre de 2009

PREFACIO

L a inspiración detrás de estas páginas es el himno escrito por un pastor africano, Emmanuel T. Sibomana. Nació alrededor de 1915 y vivió cerca de Musema, una misión bautista en el centro de Burundi.

Vino a Cristo en su adolescencia o juventud temprana, y más tarde se convirtió en pastor bautista. Luego, en 1946, publicó un himno titulado *Umbuntu Bg Imana*.

El himno del pastor Sibomana fue traducido por una misionera inglesa en Ruanda, Rosemary Guillebaud, como: *¡Oh, cómo me asombra la gracia de Dios!* El himno capta las maravillosas facetas y el carácter multifacético de la gracia de Dios. Es una melodía fácil de cantar. *Gracia de Dios*, a menudo me encuentro pensando en estas palabras. Reflexionar sobre sus versos finalmente me llevó a trabajar en el material bíblico que se encuentra detrás de ellos. Este libro es el resultado.

Aunque su formato es diferente (con menos capítulos, pero más largos), *Solo por gracia* es un volumen que complementa a *Solo en Cristo: Una vida centrada en el evangelio*. Estas son algunas de las grandes consignas de la enseñanza bíblica y capturan dos grandes énfasis en la teología evangélica.

Pero ¿por qué otro libro sobre la gracia de Dios? Porque, como nos recuerda el himno del pastor Sibomana, la gracia de Dios me asombra. Nunca podemos reflexionar demasiado sobre la gracia de Dios. Ese tema no es exclusivo de este himno en particular.

El himno más famoso del convertido comerciante de esclavos, John Newton, comienza con las palabras: «Sublime gracia del Señor que a un infeliz salvó».[1] Los grandes escritores ingleses de himnos, tales como Isaac Watts y Carlos Wesley, también escribieron sobre este tema. Watts reflexionó sobre el «Amor tan asombroso, tan divino».[2] Wesley, quien parece haber escrito prácticamente un himno al día en su tiempo libre, enseñó a la iglesia a cantar estas palabras: «Amor increíble, cómo puede ser que tú mi Dios has muerto por mí».[3] Mucho más tarde, Charles H. Gabriel exclamó con asombro: «¡Que Cristo me haya salvado tan malo como yo fui!».[4]

Aun así, ¿por qué un libro sobre cómo la gracia de Dios me asombra? Por una razón: no todos los cristianos la encuentran tan asombrosa.

Asombrarse de la gracia de Dios es un signo de vitalidad espiritual. Es una prueba de fuego de cuán firme y real es nuestra comprensión del evangelio cristiano y cuán cerca caminamos de Jesucristo. El cristiano en crecimiento descubre que la gracia de Dios asombra y sorprende.

Sin embargo, con frecuencia damos por hecho la gracia de Dios. Pensamos: «por supuesto que Dios es misericordioso». O: «por supuesto que merecemos Su gracia. Después de todo, ¿no somos Su pueblo?». Quizás nunca digamos estas cosas. Pero cuando pensamos así, la gracia de Dios deja de ser asombrosa. Lamentablemente, también deja de ser gracia.

Una de las razones principales de la debilidad de la iglesia cristiana en Occidente, de la pobreza de nuestro testimonio y la falta de vitalidad en nuestra adoración probablemente yace aquí: cantamos sobre la «sublime gracia» y hablamos de Su gracia, pero esta ha dejado de sorprendernos. Lamentablemente, podríamos cantar con más sinceridad algo así como la «gracia acostumbrada». Hemos perdido la alegría y la energía que se experimentan cuando la gracia nos parece realmente sorprendente.

Con la ayuda del himno del pastor Sibomana, estas páginas reflejan la gracia de Dios desde siete ángulos. Probar el poder de la gracia de Dios puede refrescar los santuarios internos de nuestro ser, y desterrar el letargo espiritual y la indiferencia que dan por sentado la bondad y el amor de Dios. Después de todo, si no somos asombrados por la gracia de Dios, ¿podemos realmente vivir en ella? Por su propia naturaleza, la gracia de Dios asombra a quienes la prueban y sorprende a quienes la reciben.

Estoy agradecido por aquellos que me han animado a preparar estos estudios para su publicación.

Eve Huffman, mi secretaria en la Primera Iglesia Presbiteriana de Columbia, de nuevo ha brindado su disponibilidad y eficiente ayuda en esta tarea. También estoy profundamente agradecido a nuestros ancianos y diáconos, y a nuestra congregación, por el aliento que brindan a su equipo de pastores para continuar trabajando en el ministerio.

Greg Bailey me ha ayudado una vez más como editor, amigo y un Bernabé literario; quiero expresarle mi sincero agradecimiento por su apoyo constante.

Solo por gracia celebra el evangelio a través de un himno de la iglesia en África. Por lo tanto, estoy especialmente agradecido a Henry Orombi, arzobispo de la Iglesia de Uganda, por contribuir con el prólogo. Cuando Reformation Trust sugirió la posibilidad de que un cristiano africano hiciera esto, el nombre del arzobispo Orombi vino a mi mente de inmediato. Es un espíritu afable para todos los hombres y mujeres de gracia, como descubrí un memorable domingo cuando compartimos el privilegio de predicar en el púlpito de Juan Calvino en la Catedral de San Pedro en Ginebra, Suiza. En los días de Calvino, el mensaje de la gracia del evangelio se extendió por todo el hemisferio norte y hacia el oeste; hoy, se extiende como un diluvio por todo el hemisferio sur y este. Ahora, norte y sur, este y oeste, pueden regocijarse juntos en la forma en que reina la gracia en muchos corazones por todo el mundo. Verdaderamente, «¡cómo me asombra la gracia de Dios!».

Mi esposa Dorothy —y, con ella, toda nuestra familia— continúa brindando un mundo de amor y devoción que me alienta y sostiene en el ministerio. Nuevamente, quiero expresarles mi amor y agradecimiento por los sacrificios que han hecho durante muchos años, y mi gratitud por la gracia de Dios en sus vidas y familias.

La gracia no es una «cosa». No es una sustancia que se puede medir o una mercancía para distribuir. Es «la gracia del Señor Jesucristo» (2 Cor. 13:14). En esencia, es Jesús mismo. Solo por esa razón, no podría haber mejor libro para acompañar a *Solo en Cristo* que *Solo por gracia*.

—*Sinclair B. Ferguson*
Primera Iglesia Presbiteriana
Columbia, Carolina del Sur
Septiembre de 2009

¡Oh, cómo me asombra la gracia de Dios!

¡Oh, cómo me asombra la gracia de Dios!
¡Rompió mis cadenas y me liberó!
¿Por qué?
Por Su propia voluntad, esto sé,
Me puso, como ahora muestro,
En libertad.

Mi Dios me ha elegido,
Aunque sea indigno,
Para sentarme junto a mi rey en la corte del cielo.
¡Escucha lo que mi Señor ha hecho!
¡Oh, el amor que lo hizo correr
para encontrarse con Su hijo errante!
Esto ha hecho Dios.

No por mi justicia,
Porque no tengo ninguna,
Sino por Su misericordia,
Jesús, el Hijo de Dios,
Sufrió en la cruz del Calvario.
Crucificado con ladrones fue Él.
Grande fue Su gracia para mí,
siendo yo rebelde.

Y cuando pienso en cómo,
En el Calvario,
Soportó el castigo del pecado en mi lugar,
Asombrado, me pregunto por qué
Él, quien no pecó,
Murió por alguien tan vil como yo;
¡Mi Salvador Él es!

Ahora todo el deseo de mi corazón
Es permanecer en Él,
Mi Salvador querido, en Él me resguardo.
Mi escudo, mi defensa es Él,
me cubre y protege;
De las flechas de Satanás,
estaré a salvo a Su lado.

Señor Jesús, escucha mi oración,
Tu gracia imparte;
Cuando surjan pensamientos malvados
Por artificio de Satanás,
¡Oh, ahuyéntalos todos!
Y tú, día a día, mantenme bajo tu dominio,
Rey de mi corazón.

Ven ahora, todo mi ser:
Ojos, oídos y voz.
Únete a mí, creación, con canto alegre:
¡Alabado sea el que rompió la cadena
Que me sostenía al dominio del pecado
Y me dio libertad!
¡Canta y regocíjate!

—EMMANUEL T. SIBOMANA

1

¡Oh, cómo me asombra la gracia de Dios!
¡Rompió mis cadenas y me liberó!
¿Por qué?
Por Su propia voluntad, esto sé,
Me puso, como ahora muestro,
En libertad.

Capítulo 1

MIS CADENAS CAYERON

L a gracia «rompió mis cadenas y me liberó». Estas simples palabras expresan la experiencia de un típico cristiano, en cada lugar, edad e idioma.

La gracia de Dios en Jesucristo trae libertad. Experimentar esta gracia es sentir liberación. Nuestras cadenas, grilletes, cargas —como sea que los describamos—, han sido rotos. Somos libres de una conciencia culpable. Confiamos en Cristo y somos liberados de inmediato. Luego disfrutamos progresivamente de esa libertad. Ya no estamos en la esclavitud. En cambio, somos hombres y mujeres libres en Jesucristo.

E. T. Sibomana comienza su himno, *¡Oh, cómo me asombra la gracia de Dios!,* en el punto de la experiencia personal.

Por supuesto, nuestra experiencia no es en realidad donde comienza la gracia de Dios. La gracia se remonta mucho más allá de nuestra experiencia individual. Pero este himno comienza con nuestra experiencia porque aquí es donde damos nuestros primeros pasos conscientes hacia el mar de la gracia. Luego descubrimos que, de hecho, es un océano ilimitado que parece no tener fondo. A medida que nos hundimos en él, comenzamos a percatarnos de que sus orígenes se encuentran en Dios mismo, en la eternidad.

Esta es la gracia que «rompió mis cadenas y me liberó».

Por Su propia voluntad, esto sé,
Me puso, como ahora muestro,
En libertad.

Carlos Wesley expresó el mismo pensamiento. Si conoces un poco sobre los hermanos Wesley, Juan y Carlos, sabes que antes de llegar a la fe en Jesucristo, vivieron vidas impecables. Carlos era un clérigo en la iglesia de Inglaterra. No se observaban «cadenas» en él. Aparentemente no tenía adicciones. En sus días de estudiante en la Universidad de Oxford, se regía por una rigurosa rectitud moral y un servicio enérgico. Pocos sentían que podían igualar su santidad. Uno de sus libros se titulaba *A Serious Call to a Devout and Holy Life* [Llamado a una vida devota y santa].[5] Eso lo resumía.

Sin embargo, mientras Dios trabajaba en la vida de Wesley, él se dio cuenta de que estaba en esclavitud espiritual, «tan atado al pecado y a la oscuridad»,[6] como luego escribiría. Cuando fue llevado a la fe en Jesucristo, esta fue la canción que quería cantar una y otra vez en el aniversario de su conversión:

Mis cadenas cayeron, mi corazón estaba libre;
Me levanté, di unos pasos y te seguí.[7]

Dicha libertad no se limita a un grupo selecto de cristianos famosos. El evangelio promete lo mismo a todos los que confían en Cristo.

La libertad de la esclavitud es uno de los temas centrales en la enseñanza de nuestro Señor Jesucristo. Él les dijo a los judíos de Su tiempo que solo el evangelio podía liberarlos: «la verdad los hará libres» (Juan 8:32). Pero ¿de qué verdad habla? Él explicó: «si el Hijo los libera, serán ustedes verdaderamente libres» (Juan 8:36).

Encontramos dos lecciones básicas.

LECCIÓN UNO: LA ESCLAVITUD

Jesús enseñó que todos somos esclavos espirituales por naturaleza. Tenía que ser cruel para ser amable.

Los judíos con quienes Jesús habló, al igual que nosotros, creían que no eran esclavos de nada ni nadie. Pero su respuesta a las palabras de Jesús reveló la profunda esclavitud espiritual en la que se encontraban. Las palabras de Jesús los irritó.

«¿Cómo puedes decir que necesitamos ser liberados? ¡Cómo te atreves! Somos los hijos de Abraham, sus descendientes nacidos libres». Reclamaban la libertad espiritual como su derecho de nacimiento, pero estaban en esclavitud espiritual.

«Ciertamente les aseguro que todo el que peca es esclavo del pecado —respondió Jesús» (Juan 8:34).

¿Era necesario especificar esto? Jesús pensó que sí, y tal vez alguien que lea estas páginas necesite un poco de ayuda para comprender lo que estaba enseñando aquí:

- No nos convertimos en pecadores al cometer actos específicos.
- Cometemos actos específicos de pecado porque somos pecadores.

En resumen, mi problema no son las acciones aisladas que veo como aberraciones de lo que realmente soy. Me estoy engañando a mí mismo si pienso de esa manera. Estas acciones no son aberraciones, sino revelaciones de lo que hay en mi corazón. Muestran que cometo pecado porque estoy atado a él.

Pablo desarrolla este tema en Efesios 2. Tanto el apóstol como sus lectores (v. 3) estaban por naturaleza atados al pecado: «muertos en sus transgresiones y pecados» (v. 1). Cuando escucharon el nombre de Dios y de Su gracia en Jesucristo, sus corazones se mantuvieron fríos. Al igual que los muertos, siempre fluían con la corriente, siguiendo «a los poderes de este mundo» (v. 2).

Por naturaleza, negamos que estamos en esclavitud espiritual. Nos esforzamos por mostrar nuestra libertad siendo diferentes. Pero tendemos, de una forma u otra, a convertirnos en clones. Esa es una manifestación de nuestra esclavitud. Según las letras satíricas de Ray Davies en la exitosa canción de *The Kinks*:

La persona que busca placer siempre se ve lo mejor posible,
Porque es ferviente seguidora de la moda.[8]

Por supuesto, hay un lado más oscuro en la influencia siniestra de «el que gobierna las tinieblas, según el espíritu que ahora ejerce su poder en los que viven en la desobediencia» (v. 2). Hablaremos mucho más sobre él más tarde.

Como Jesús insinuó, este pecado afecta cada dimensión de nuestras vidas:

• **Nuestra mente.** No pensamos con claridad. Podemos tener una buena educación y un alto coeficiente intelectual. Pero eso no garantiza que pensemos con claridad sobre las cosas espirituales.

• **Nuestros deseos.** Cuando estamos solos y somos sinceros, reconocemos que no somos dueños de nuestros deseos. Intentamos dominarlos. Tenemos una conciencia moral que declara: «Debes tener estas cosas bajo control». Pero internamente estamos fuera de control. Hay un mundo dentro de nosotros sobre el cual no tenemos dominio.

• **Nuestra voluntad.** Está esclavizada al pecado. «Ah, sí —decimos—; a este mensaje sobre estar bien con Dios lo recibiré otro día. Es mi decisión y puedo tomarla cuando quiera».

Sin embargo, la verdad es que no podemos pensar con claridad, ni desear a Cristo por nuestra propia voluntad y sin ayuda. ¿Por qué no? No podemos responder a las buenas nuevas del evangelio hasta que queramos a Cristo, y no podemos desear a Cristo mediante una decisión nuestra en cualquier momento que elijamos. No podemos decir a nuestra voluntad: «¡Voluntad, decide pertenecer a Dios!». Va más allá de nuestros poder hacer esto. ¡Nadie puede, de manera deliberada, hacer que la voluntad haga lo que no quiere! Solo la gracia de Dios puede liberarnos para confiar en Él.

> *¿Por qué?*
> *Por Su propia voluntad, esto sé,*
> *Me puso, como ahora muestro,*
> *En libertad.*

Aquí, entonces, encontramos nuestra mayor necesidad. Lección uno: somos esclavos de nuestro corazón pecaminoso.

La comprensión de David sobre el pecado

El rey David hizo este descubrimiento meses después de su pecado con Betsabé. Había violado la ley de Dios. Había codiciado, cometido adulterio, robado la esposa de uno de los mejores hombres que conocía y planeado su muerte (ver 2 Sam. 11–12).

Cuando David entendió la realidad de la esclavitud espiritual, se dio cuenta de que se remontaba al comienzo de su vida: «Yo sé que soy malo de nacimiento; pecador me concibió mi madre» (Sal. 51:5).

Cuando somos enfrentados por primera vez al pecado, decidimos tratar de mejorar. Pero tan pronto como hemos eliminado una capa de pecado (pensando: «Fue solo un fracaso superficial de mi parte»), descubrimos otra capa debajo. David rastreó su pecado hasta el comienzo de su vida; vivía en un estado de negación espiritual. Pero cuando se dio cuenta de la verdad sobre sí mismo, admitió que la podredumbre había empezado desde el principio, incluso cuando estaba en el vientre de su madre.

Luego clamó a Dios: «Lávame» y «purifícame con hisopo» (Sal. 51:7). Hubo momentos en mi infancia cuando me ensuciaba de tal manera que mi madre me limpiaba con una esponja vegetal. Con frecuencia, sentía el poder de su brazo mientras ella limpiaba la suciedad de mi piel. Aunque estaba relativamente contento con una limpieza más superficial, ella estaba decidida a sacar toda la suciedad, incluso si eso la mataba a ella, o a mí.

El lenguaje de David: «lávame […] purifícame», describe ese tipo de limpieza vigorosa y rigurosa. Su pecado estaba arraigado con profundidad. Había capas de engaño, pecado y esclavitud en su corazón. Solo Dios podía limpiarlo y liberarlo.

A esto se refería Jesús. Sus contemporáneos conocían la Biblia. Asistían constantemente a los servicios religiosos. Pero todavía estaban atados por el pecado y no podían liberarse de su dominio. Eran esclavos del pecado, no hijos de Dios. Entonces Jesús les explicó: «Tu problema fundamental es que no conoces a Dios como Padre».

¿Cómo podía Jesús estar tan seguro? «Porque si realmente conocieran al Padre, su actitud hacia Su Hijo sería completamente diferente. Sería de amor y admiración. Confiarían en mí» (ver Juan 8:42-47).

Hablaban de Dios, pero su actitud hacia el Hijo de Dios reveló que no eran miembros de Su familia. Eran hostiles hacia Él. Conspiraron «religiosamente» para deshacerse de Él. No tenían lugar para Él en sus vidas porque no tenían lugar para Su Padre.

No merecemos nada

Los religiosos siempre se perturban cuando descubren que no son, y nunca han sido, verdaderos cristianos. ¿Toda su religiosidad no sirve de nada? Esas horas en la iglesia, horas dedicadas a hacer cosas buenas y a actividades religiosas, ¿no cuentan para nada en la presencia de Dios? ¿No me permiten decir: «Mira lo que he hecho»? ¿No merezco el cielo?

Lamentablemente, pensar que merezco el cielo es una señal segura de que no entiendo el evangelio.

Jesús desenmascaró la terrible verdad sobre Sus contemporáneos. Ellos se resistieron a Sus enseñanzas y se negaron a recibir Su Palabra porque eran pecadores y esclavos del pecado.

Hace algunos años, los medios británicos informaron que una denominación presbiteriana había retirado cincuenta mil copias impresas de una edición de su revista mensual. Dicho reportaje indicaba que el autor de un artículo se había referido a un miembro prominente de la familia real británica como un «miserable pecador».

Es curioso que el integrante de la familia real, como miembro de la iglesia de Inglaterra, seguramente usaba de forma regular las palabras de la «Oración de la confesión general», del libro de oración anglicana, que incluye una solicitud de perdón de los pecados de los «miserables pecadores». ¿Por qué, entonces, retiraron las revistas? El comentario oficial: «No queremos dar la impresión de que las doctrinas de la fe cristiana causan trauma emocional a las personas».

Pero a veces, las doctrinas de la fe cristiana hacen exactamente eso, y es necesario.

¿O deberíamos decir en cambio: «¡Qué cruel fue Jesús con estos pobres judíos! ¿Jesús habló de esta manera?».

Jesús declaró: «Ustedes son pecadores miserables». Desenmascaró a los pecadores y se dirigió a la raíz del problema: «No está en sus planes aceptar mi palabra» (Juan 8:37). Lo habían escuchado, pero lo resistieron. Más tarde, describió el resultado: «¿Por qué no entienden mi modo de hablar? Porque no pueden aceptar mi palabra» (Juan 8:43).

Jesús ya le había explicado pacientemente esto a Nicodemo: «A menos que el Espíritu de Dios abra los ojos, no puedes ver el reino de Dios. A menos que Dios te libere de la esclavitud del pecado, nunca entrarás en el reino de Dios» (ver Juan 3:3, 5). «La verdad es que», dijo Jesús más tarde, «no escuchan lo que digo porque realmente no son hijos de Dios» (ver Juan 8:41, 44). Estaban, usando el lenguaje de Pablo, espiritualmente «muertos» (Ef. 2:1).

Hace algún tiempo, mientras disfrutaba de mis vacaciones en un maravilloso día de verano en las tierras altas de Escocia, me senté afuera a tomar un café. A unos metros, vi un hermoso petirrojo. Admiraba sus plumas, su hermoso pecho rojo, su pico afilado y limpio, su simple belleza. Me encontré instintivamente hablando con él. Pero no hubo respuesta, no hubo movimiento. Todo estaba inmóvil, porque el pequeño petirrojo de pecho rojo estaba muerto. El veterinario más experto del mundo no podría hacer absolutamente nada por él.

Así somos nosotros, espiritualmente. A pesar de las apariencias, en mi estado natural estoy muerto para Dios. No hay vida espiritual en mí.

Solo cuando me percate de esto comenzaré a ver por qué la gracia de Dios es sorprendente y admirable. Porque para las personas espiritualmente muertas, la gracia de Dios viene a dar vida y liberación.

Esta es la primera verdad que debo reconocer. Estoy en esclavitud espiritual. Esa esclavitud puede tener muchas manifestaciones.

Pueden diferir de un individuo a otro. Pero la esclavitud es la raíz del problema.

Sobre esa base, y en ese contexto, Jesús enseñó la lección número dos.

LECCIÓN DOS: LA LIBERTAD

Hay buenas noticias.

Por un lado, Jesús subrayó la esclavitud en la que estamos atrapados por naturaleza. Por el otro, habló sobre la libertad que da por gracia a los pecadores: «si el Hijo los libera, serán ustedes verdaderamente libres» (Juan 8:36).

¿Cómo podría el Hijo liberarlos? Puede hacerlo debido a quién es Él. Es el Hijo enviado al mundo por el Padre. Él conocía el plan del Padre. Tuvo la relación más íntima con Él. Había escuchado todo lo que el Padre había dicho, y vino con este mensaje de buenas nuevas: «El Padre me envió para liberarte» (ver Juan 8:28).

¿Cómo, entonces, nos libera Cristo?

Juan respondió esa pregunta en el versículo más famoso de su Evangelio. Este Dios, este Padre, amaba tanto al mundo, este mundo en pecado y esclavitud, que envió a Su único Hijo. Él tuvo un solo Hijo, pero lo envió a morir en una cruz para salvar a todos los que creen en Él (ver Juan 3:16).

El Hijo sería «levantado», levantado en una cruz, expuesto a la vergüenza pública, colgado entre el cielo y la tierra, bajo el juicio de Dios contra nuestros pecados, para que aquellos que creyeran en Él no perecieran, sino que tuvieran vida eterna (ver Juan 3:16; 12:32).

Jesucristo puede liberarnos porque ha lidiado con el pecado que nos esclaviza. Nunca podríamos expiar nuestro propio pecado.

Nunca podríamos romper su poder. Nunca podríamos acercarnos a Dios y decir: «Dios, seguramente lo que he hecho es suficiente para compensar mis pecados». Nada de lo que podamos hacer puede compensarlo. Pero Dios envió a Su propio Hijo —piensa en esto—, Su propio Hijo, quien nos reemplazó, tomando nuestro lugar. Vivió una vida perfecta. Como no tenía pecados propios que expiar, estaba calificado para hacer un sacrificio por nuestros pecados. Ningún sacrificio que pudiéramos hacer podría ser adecuado para expiar el pecado. Pero Él era capaz y estuvo dispuesto a hacerlo. Por eso, podemos ser liberados de la culpa y de la esclavitud que el pecado crea.

Cristo también nos libera de otra manera: a través de la verdad sobre Dios y sobre nosotros mismos. Si creemos en Él, llegaremos a conocer la verdad, y la verdad nos hará libres (Juan 8:32). Esa es Su promesa.

He conocido a algunas personas excepcionalmente inteligentes que no pueden entender el evangelio cristiano. Escuchan su mensaje como si fuera una conferencia sobre moralidad. Sin embargo, el evangelio no es difícil de entender. El problema radica en nosotros, en nuestra ceguera espiritual. Si hay resistencia en el corazón para amar a Dios, habrá resistencia en la mente para conocer a Dios y, por lo tanto, para escuchar y buscar a Dios. Solo la verdad puede liberarnos.

Más adelante, en el Evangelio de Juan, Jesús habló sobre enviar el Espíritu Santo a Sus discípulos. Él sería como una gran lámpara que brillaría en sus mentes, iluminándolos para que pudieran comenzar a ver y comprender a Jesús y lo que había hecho. El Espíritu eliminaría el engaño espiritual, transformaría a los espiritualmente muertos y glorificaría a Cristo.

Entonces, Jesús puede liberarnos por lo que es y por lo que nos muestra.

Como resultado, ahora podemos atrevernos a llamar a Dios «Padre».

Esta es la diferencia más obvia entre una persona «religiosa» y un cristiano. Es probable que una persona religiosa se dirija a Dios, especialmente en una crisis, como «Oh, Dios» y no como «Oh, Padre».

Hay una razón simple para esto. A menos que conozcas a Dios como tu Padre, nunca clamarás a Él en tu necesidad como «Abba, Padre» (Rom. 8:15-16).

Muchas esclavitudes, un remedio

¿Cómo se aplica todo esto a nosotros?

Nuestros corazones pecaminosos comparten una esclavitud común, aunque sus formas pueden diferir. Algunas personas tienen ataduras que las llevan hasta el suelo. Pero también hay ataduras «respetables». Estas dos clases pueden parecer polos opuestos. Pero en cada una, el corazón es igualmente cautivo, un prisionero, un esclavo. ¿Qué es lo que no puedes dominar y, por el contrario, te domina?

¿Qué pecado ha capturado tu corazón y lo ha endurecido ante Dios? Las cadenas que te atan pueden parecer muy diferentes de las que atan a tus vecinos, colegas o amigos. Pero son igual de reales.

Dios tiene muchas maneras de llevarnos a descubrir que somos esclavos y pecadores espiritualmente muertos. Pero Él nos ofrece un solo remedio para la esclavitud, un solo Salvador: el mismo Jesús, el cual, ante Sus contemporáneos, y ahora ante nosotros, declara:

«Quien comete pecado es esclavo del pecado. Pero la verdad te hará libre. Y como soy el Hijo de Dios y el Salvador, puedo liberarte».

«Soy el que ha trabajado en tu vida recientemente».

«Yo soy quien te ha impulsado a hacer preguntas que ignoraste por mucho tiempo y a recordar los pecados que alguna vez trivializaste».

«Yo soy quien te ha hecho preguntarte por qué un cristiano que conoces tiene algo que te falta».

«Todo esto te ha llevado a buscarme. Ahora has llegado al borde de confiar en mí como el Salvador que te liberará y te dará una nueva vida».

«Estás comenzando a ver por qué la gracia es tan maravillosamente asombrosa».

«Confía en mí ahora».

Carlos Wesley escribió:

Por mucho tiempo mi espíritu estuvo preso
Tan atado al pecado y la obscuridad.[9]

¿Te describe? Es posible que hayas intentado todo para encontrar la libertad y la satisfacción, pero todavía estás «atado al pecado y la obscuridad». Quizás nadie lo sepa, excepto tú. Necesitas una obra del poder y la gracia de Dios en tu vida.

Tu ojo irradió rayos de luz,
Despertóme en mi calabozo.
Mis cadenas cayeron, mi corazón estaba libre;
Me levanté, di unos pasos y te seguí.[10]

Descubrir la gracia de Dios en Jesucristo puede suceder antes de que lo notes. Después de todo, Él te estaba buscando antes de que tú lo buscaras o sintieras que estaba cerca. Lo único que sabías era que tenías una profunda sensación de necesidad. Te atrajo y le dijiste: «Sé mío. ¡Sé mi Salvador!». Él respondió: «Yo soy. Sé mío, hijo mío».

¡Oh, cómo me asombra la gracia de Dios!
¡Rompió mis cadenas y me liberó!
¿Por qué?
Por Su propia voluntad, esto sé,
Me puso, como ahora muestro,
En libertad.

¡Libertad por fin! Sí, la gracia es asombrosa.

2

―――

Mi Dios me ha elegido,
Aunque sea indigno,
Para sentarme junto a mi rey en la corte del cielo.
¡Escucha lo que mi Señor ha hecho!
¡Oh, el amor que lo hizo
correr para encontrarse con su hijo errante!
Esto ha hecho Dios.

Capítulo 2

AMOR INCONDICIONAL

L a gracia de Dios puede liberarnos de nuestras ataduras. Podemos tratar de convencernos de que son inexistentes o incluso triviales. Pero cuando tratamos de liberarnos de ellas, descubrimos que somos tan incapaces como lo hemos sido al intentar resistirnos a ellas. Luego comenzamos a percatarnos de cuánto necesitamos la gracia de Dios, y por qué es tan asombrosa.

Nadie descubre la naturaleza de la gracia de Dios sin descubrir primero la razón por la que la necesita. El segundo verso del himno de E. T. Sibomana, *¡Oh, cómo me asombra la gracia de Dios!*, subraya esto:

Mi Dios me ha elegido,
Aunque sea indigno,
Para sentarme junto a mi rey en la corte del cielo.
¡Escucha lo que mi Señor ha hecho!
¡Oh, el amor que lo hizo correr para encontrarse con su hijo errante!

Esto ha hecho Dios.

Probablemente reconozcas la alusión en estas últimas tres líneas. Hacen eco de la respuesta del padre del hijo pródigo cuando vio a su hijo regresar del país lejano (Luc. 15:11-32). El hijo había desperdiciado su vida y probablemente un tercio de la fortuna familiar. Pero cuando regresó a casa, su padre lo vio (¿cuánto tiempo había estado esperando?) y corrió a su encuentro.

Esta parábola de Jesús ha recibido una variedad de títulos. La más conocida, por supuesto, es «La parábola del hijo pródigo». Pero como veremos, en realidad hay tres hijos en esta historia.

Las parábolas

¿Por qué Jesús utilizó parábolas en Su enseñanza? Aparentemente no por la razón que a menudo pensamos.

La gente suele decir a los predicadores cristianos: «¿Por qué no cuentan más historias, como lo hizo Jesús? Podemos entender las historias. Jesús hizo las cosas simples para que las entendiéramos».

Pero Jesús mismo cuestionó esta declaración. En relación con Sus parábolas, declaró: «Al que tiene, se le dará más, y tendrá en abundancia. Al que no tiene, hasta lo poco que tiene se le quitará. Por eso les hablo a ellos en parábolas: Aunque miran, no ven; aunque oyen, no escuchan ni entienden» (Mat. 13:12-13).

Jesús usó parábolas para que aquellos que pensaban que podían ver fueran cegados, y aquellos que eran conscientes de que estaban ciegos pudieran ver.

Comprender una parábola es como resolver el cubo de Rubik. Si conoces la clave para hacerlo, como recuerdo que sabía mi hijo mayor, el cubo multicolor puede restaurarse perfectamente a su orden original en cuestión de segundos, sin importar cuán mezclado esté.

Incluso se puede hacer con las manos detrás de la espalda. Es un acertijo, si no sabes el secreto. Pero si lo conoces, todo encaja en su lugar. Es exactamente lo mismo con las parábolas. Sin la clave, el significado y la intención de las historias nos eluden. Se pierde la llave y se pierde el mensaje.

¿Cuál es, entonces, el secreto? Es Jesucristo mismo. Las parábolas nos enseñan cómo establece Su reino de una manera totalmente inesperada.

Las cosas perdidas

Lucas 15 contiene tres parábolas. De alguna manera, son tres partes de una más grande: un solo mensaje sobre la búsqueda de objetos perdidos, cada episodio relatado en un contexto de mayor complejidad y mayor tensión.

La primera escena describe a un pastor que ha perdido una de sus ovejas. Las ovejas eran, y son, valiosas. Pero solo ha perdido una de cien: el 1% de sus ovejas.

La segunda escena describe a una mujer que ha perdido una moneda de plata. La moneda es valiosa para ella; tal vez fue guardada para un momento de necesidad. Ha perdido una moneda de diez: el 10%, un porcentaje de pérdida mayor.

La tercera escena, sin embargo, es más conmovedora. El padre de dos hijos pierde a uno de ellos. Ha perdido el 50% de sus hijos, no una oveja ni una moneda; una pérdida insoportable.

Claramente, Jesús estaba desarrollando el punto principal. La tercera parábola se describe con mayor extensión, complejidad e intensidad. Además, hay más personajes: dos hijos y su padre, cada uno de los cuales expresa sus pensamientos y sentimientos sobre la situación.

Por otro lado, cada uno de ellos refleja claramente el contexto al que Jesús hacía referencia.

Los recaudadores de impuestos y los «pecadores» se reunían para escuchar; Jesús los atraía como un imán. Quizás algunos de ellos habían visto cómo había transformado drásticamente a sus amigos.

Cuando los fariseos y los maestros de la ley vieron lo que estaba sucediendo, murmuraron: «Este hombre recibe a los pecadores y come con ellos» (Luc. 15:2).

Los fariseos eran una «secta» judía comprometida con la observancia detallada de la ley. Habían agregado estrictas reglas extrabíblicas sobre las formas exactas en que las personas debían cumplir la ley.

Los «maestros de la ley» eran expertos en la interpretación de estas tradiciones.

Una vida dedicada a la ley

Mientras escribo estas palabras, estoy sentado en un avión con destino a Tel Aviv. Muchos judíos están a bordo. La ropa que usan algunos indica que son judíos jasídicos, en algunos aspectos los herederos de los fariseos y maestros de la ley.

Anteriormente, en la terminal, los hombres se reunieron para orar, y lo han vuelto a hacer durante el vuelo. Uno de ellos debía sentarse entre la señora que está sentada junto a la ventana en mi fila y yo. Observé la incomodidad en su rostro mientras revisaba su tarjeta de embarque. Encontró otro asiento en lugar de sentarse al lado de la mujer: ella misma era judía. (El hombre no sabía nada de la maravillosa manera en que Cristo ha reunido a los creyentes, judíos y gentiles, en un solo cuerpo).

He estado observando a este hombre en particular durante el vuelo nocturno. Ha pasado la mayor parte estudiando detenidamente su comentario sobre la Torá. Desea ser como el hombre justo del Salmo 1, que medita en la ley de Dios de día y de noche. Pertenece a un pueblo aparte. Estudiar la Torá a través de las tradiciones de los rabinos es su vida. Sin embargo, no sabe que, mientras que la Torá vino por Moisés, la gracia y la verdad vinieron a través de Jesucristo (Juan 1:17).

Así fue con los fariseos y los maestros de la ley. Eran un pueblo separado. La gran tentación para esas personas es sentirse no solo separadas, sino también mejores. Después de todo, son «los fieles»; los demás son «pecadores». Luego comienzan a murmurar de los buenos hombres que se mezclan con aquellos que no son fieles, incluso si no han caído en errores morales. Para ser santo, no debes mezclarte con aquellos que no son santos.

Jesús se hizo amigo de los recaudadores de impuestos y los pecadores. Entonces, los fariseos y los escribas murmuraron a sus espaldas.

Aquí, encontramos tres grupos de personajes: (1) recaudadores de impuestos y pecadores, (2) fariseos y maestros de la ley, y (3) Jesús mismo. Cuando pasamos a la segunda mitad del capítulo, a la historia del hombre que tuvo dos hijos, encontramos que también hay tres personajes en la historia. No debemos perder de vista esa conexión.

Primero, está el padre, el cual «representa» a Jesús, que había sido acusado y condenado ferozmente: «Este hombre recibe a los pecadores y come con ellos» (Luc. 15:2).

Luego hay dos hijos (Luc. 15:11): un hermano menor y otro mayor.

Como muchas de las grandes historias bíblicas, esta nos invita a leerla a través de los ojos de cada uno de los personajes involucrados en el drama. Es una historia con más de una perspectiva. Si vamos a ver la imagen completa, no debemos solamente centrarnos en el hijo menor (el «hijo pródigo»), sino también mirar a través de los ojos del padre y del hermano mayor.

LA PERSPECTIVA DESDE EL PAÍS LEJANO: EL PRÓDIGO

Aquí, encontramos a un hombre joven. Es soltero. Quiere deshacerse de todas las restricciones de la vida familiar. Exige a su padre, como su derecho, su parte de la herencia sobre la propiedad familiar y la riqueza. Debería, por supuesto, haber esperado.

Como todas las parábolas en la Biblia, la del hijo pródigo está llena de pequeñas señales que deben de haber tocado los corazones y las mentes de sus primeros oyentes.

El hijo menor le dijo a su padre: «Dame lo que me toca de la herencia» (v. 12). Entonces, el padre dividió su propiedad entre sus dos hijos. Literalmente, se dice que el padre dividió su vida (*bios*, v. 12b).

Esta historia es sobre la vida y la muerte. Más adelante, se utilizará el lenguaje de «muerto» y «vivo». Este joven quiere la vida, pero la busca en el lugar equivocado. Lo que encuentra es una muerte en vida. Luego, maravillosamente, es llevado de la muerte a la vida (v. 24).

La ofensa y la vergüenza

Los primeros oyentes de Jesús seguramente sintieron la profunda ofensa en la solicitud de este hijo. Es multidimensional:

• Él es el hijo menor. Más que nada, quiere liberarse de la «restricción» de la vida en el hogar familiar, donde los planes y placeres del padre son lo más importante. Quiere «disfrutar la vida» sin restricciones. Insulta a su padre.

• «Dame», le exige a su padre. «Dame mi parte de la herencia. Dame mi propio camino en la vida». Claramente, lo que está diciendo es: «No quiero esperar hasta que mueras para obtener mi parte de la herencia». En otras palabras (tratando de ir a la raíz de sus palabras):

«En lo que a mí respecta, puedes caer muerto hoy. No me importa, solo quiero mi propia vida». Desprecia a su padre.

• El padre es un terrateniente importante. Pero la tierra debe venderse antes de que pueda darse cuenta de su valor monetario. Ante la necesidad de vender tierras rápidamente para satisfacer la demanda de su hijo, este padre sufrirá una gran pérdida cuando otros propietarios locales vean una excelente oportunidad para aumentar su propia riqueza a un precio menor. Más que eso, si este hombre vende una parte importante de su tierra, es probable que esa tierra se haya ido para siempre. Si regala una parte tan importante de su patrimonio, la posibilidad de recuperarla es pequeña. El hijo empobrece a su padre.

Los oyentes, atraídos por la historia, sabían que la demanda del hijo menor no solo era ofensiva, sino destructiva. Ese hijo solo podía destruirse a sí mismo, y quizás eventualmente destruir también a su padre. El hijo debía ser rechazado para siempre. De hecho, se consideraba que un hijo rebelde como este quería perder su derecho a la vida.

¿Cómo podría un padre exitoso, con todas las razones para estar contento con sus logros, volver a levantar la cabeza en público después del rechazo de su hijo menor?

Ecos del pasado

El resto de la historia es un relato más brillante de lo esperado. El joven que se aferra a la vida termina en un «país lejano». Está muerto en lo que respecta a la familia.

En las tradiciones de narración de cuentos, los relatos están llenos de pistas verbales que sirven como señales para alertar a los oyentes. Por ejemplo, en las historias de niños, la aparición de una madrastra generalmente nos prepara para la crueldad y el peligro que la hijastra (muchas veces, la heroína) experimentará antes de que ocurra un gran acto de liberación.

Los primeros oyentes de la parábola de Jesús eran oyentes mucho más hábiles de lo que solemos ser. Como personas que se deleitaban en contar y escuchar historias, buscaban, reconocían y disfrutaban las señales verbales y los ecos que evocaban emociones asociadas con otras historias con las que estaban familiarizados.

La historia de Jesús contenía pistas como esta. Quienes escucharon bien podrían haber recordado otras historias bíblicas donde los individuos deseaban la vida, anhelando neciamente liberarse de la restricción. Podrían haber pensado en Jacob, el engañador, que también terminó en un «país lejano», o en el primer hombre, Adán, cuya vida terminó fuera del Edén.

Dios dio a Adán las ricas bendiciones de la vida. Pero Adán quería la vida en sus propios términos y a su manera, libre de las «restricciones» impuestas por el Padre. Entonces, extendió su mano para tomar la fruta prohibida; una tentación fuertemente influenciada porque la mujer que amaba ya lo había hecho.

Por desgracia, Adán y Eva descubrieron que al obtener lo que querían, separase de Dios, perdieron tanto a Dios como a lo que querían. En lugar de experimentar la vida, saborearon la muerte. Terminaron en un «país lejano», una expresión que seguramente también les recordó a los oyentes de Jesús el exilio en Babilonia y el destierro de la presencia de Dios.

Ahí es donde se dirige este joven. No está simplemente emigrando; está haciendo una peregrinación desastrosa lejos de la seguridad y la abundancia. La casa del padre es una «tierra que fluye leche y miel» (Ex. 3:8); pero él quiere algo diferente. Allí, en el país lejano, exiliado de su padre, desperdicia su herencia en lo que la Nueva Versión Internacional llama vívidamente «vida salvaje». Lo desperdicia todo

(v. 13). De manera trágica, termina deseando poder tener la misma dieta que los cerdos de los cuales él (un judío) era responsable (v. 16). Qué caída tan lamentable. Ha cruzado el cielo como una estrella fugaz; ahora su brillo se ha consumido. Lo quería todo; ahora no tiene nada.

Pero los placeres son como el florecer de las amapolas.
Tocas la flor y se desprende.[11]

Volver en sí

Entonces, de forma sorpresiva, llega el punto de inflexión. El hijo pródigo volvió en sí, o «recapacitó» (v. 17). ¿Qué quiso decir Jesús?

El hermano menor comenzó a verse a sí mismo y a su situación bajo una nueva luz. Se acordó de su padre. Cuán lejos se había extraviado. Qué bajo había caído. Qué arrogante había sido. Cuán absorto en sí mismo estaba. Se encontraba exhausto. Buscó desesperadamente satisfacción, pero se convirtió en ejemplo de un hombre insatisfecho. Mucho antes que los *Rolling Stones*, podría haber cantado:

No puedo obtener satisfacción.
No puedo obtener satisfacción.
Porque intento, e intento, e intento, yo intento.
No puedo obtener ninguna, no puedo obtener ninguna...[12]

Esta es la historia de cada hombre o mujer que le da la espalda a Dios. Buscamos silenciar la advertencia de la conciencia. Pero nunca podemos hacerlo por completo. Ni todos los iPods en el mundo pueden ahogar los recuerdos del hogar. Incapaces de aquietarlos, debemos endurecer nuestros corazones contra el Dios que nos advierte a través de ellos. Por supuesto, enmascaramos esa hostilidad. Pero nunca podemos ocultarla por completo.

A veces es más claro para otros que estamos huyendo de Dios. Nuestras reacciones negativas, vergonzosas u hostiles a los cristianos, al nombre de Jesús, a las referencias a la grandeza, el asombro y la bondad de Dios y Sus obras, todas son señales de ello. Estamos lejos de ser intelectual o personalmente objetivos, o indiferentes, sobre Dios. Debajo de todo, nos oponemos a Él de forma emocional e intelectual; si no fuera así, ¿por qué tanto resentimiento?

Esta era la situación del hijo pródigo. Tenía una visión distorsionada de su padre y se defendía cuidadosamente de la verdad. Pensó que podría mantener esa defensa. Pero nadie puede sostenerla para siempre.

No es posible construir una defensa que resista los embates de Dios. No hay lugar en el universo al que un individuo pueda ir y exclamar: «Puedo esconderme aquí de Dios y escapar de Él». Dios ya está allí. Se ha dado a conocer en toda la creación. En ninguna parte hay una «casa segura».

Pablo señala este punto en Romanos 1:

Ciertamente, la ira de Dios viene revelándose desde el cielo contra toda impiedad e injusticia de los seres humanos, que con su maldad obstruyen la verdad. Me explico: lo que se puede conocer acerca de Dios es evidente para ellos, pues él mismo se lo ha revelado. Porque desde la creación del mundo las cualidades invisibles de Dios, es decir, su eterno poder y su naturaleza divina, se perciben claramente a través de lo que él creó, de modo que nadie tiene excusa. A pesar de haber conocido a Dios, no lo glorificaron como a Dios ni le dieron gracias, sino que se extraviaron en sus inútiles razonamientos, y se les oscureció su insensato corazón. Aunque afirmaban ser sabios, se volvieron necios y cambiaron la gloria del Dios inmortal por imágenes que eran réplicas del hombre mortal, de las aves, de los cuadrúpedos y de los reptiles (Rom. 1:18-23).

El hijo pródigo sintió que, por fin, estaba lejos de su padre. Podía olvidarse de su hogar. El pasado nunca volvería a perseguirlo. Su padre nunca podría encontrarlo, incluso si lo intentaba. Pero descubrió que no podía escapar tan fácilmente, incluso en un país lejano. Ni siquiera un chiquero es un lugar de escape. No puede excluir de su mente, su memoria y su conciencia el conocimiento que está integrado en su propio ser: es un hijo pecaminoso, obstinado y rebelde de un padre cariñoso. No puede simplemente borrar el recuerdo de su hogar.

No podemos continuar en oposición al Padre celestial.

Regresar a casa

¿Qué hace el hijo errante? Se dice: «Tengo que volver a mi padre y decirle: Papá, he pecado contra el cielo y contra ti» (v. 18). Eso es bueno. Se percató de que su vida era un desastre. Ahora se veía tal cual era; como señala el himno del pastor Sibomana: «indigno».

De regreso a casa, ensayó su discurso: «he pecado contra el cielo y contra ti. Ya no merezco que se me llame tu hijo; trátame como si fuera uno de tus jornaleros» (vv. 18-19).

Quienes escuchaban a Jesús sabían lo que un hijo pródigo podía esperar si volvía a casa: la ceremonia de *kezazah*, en la que la ira del padre se desataría públicamente contra su hijo.[13]

«Trátame como si fuera uno de tus jornaleros», planeaba decir el hijo. Esta es una expresión del instinto natural de los hombres y mujeres cuyos corazones han sido despertados a su pecado y necesidad. Su primer instinto fue declarar: «Cambiaré, comenzaré a hacer cosas que agradarán a Dios. De ahora en adelante, haré lo que sea para cumplir su ley. Cambiaré mi estilo de vida. Me esforzaré más. Volveré a su favor».

Entonces, el hijo pródigo comenzó a recorrer el largo camino de regreso a casa con este pensamiento en mente: «Quizás, a medida que me vaya mejor, pueda volver a hacer mi vida. Aunque nunca más podré volver a ser hijo, quizás pueda pagar parte de la deuda que le debo a mi padre e intentar equilibrar mi rebeldía con la obediencia. Tal vez pueda hacer las paces si estoy dispuesto a confesar que me equivoqué».

Entonces, regresó a su padre.

Ahora viene la sorpresa.

Jesús continuó: «Así que emprendió el viaje y se fue a su padre. Todavía estaba lejos cuando su padre lo vio y se compadeció de él; salió corriendo a su encuentro, lo abrazó y lo besó. El joven le dijo: "Papá, he pecado contra el cielo y contra ti. Ya no merezco que se me llame tu hijo"» (vv. 20-21).

¿Estaba la casa del padre en una colina? ¿Qué instinto hizo que el padre saliera a mirar mientras «todavía estaba muy lejos»? ¿Cómo lo reconoció el padre? ¿Tenía la costumbre de mirar a lo lejos, anhelar, preguntarse u orar? ¿Nunca perdió la esperanza? Algunos de los silencios en la narración de Jesús son estimulantes y reflexivos; esto es parte de su genio como narrador de historias.

Entonces, llegó el momento clave. El padre corrió desde su posición privilegiada, ya fuera cuesta abajo o por la calle del pueblo.

Mientras pensemos: «Por supuesto que corrió, su hijo volvía a casa», nunca podremos escuchar esta parábola como lo hicieron los contemporáneos de Jesús. «Un noble oriental con túnicas holgadas nunca corre a ninguna parte».[14]

Además, dado el deshonor que el hijo había causado a su padre al salir de su casa, las acciones de este hombre debieron sorprender a sus vecinos expectantes. Esta es una imagen asombrosa. De hecho, es sin duda escandalosa.

Cuando el padre llegó a su hijo, las palabras ensayadas comenzaron a formarse en los labios del hijo pródigo. Pero su padre ya lo estaba abrazando y besando. Las lágrimas comenzaron a fluir. Las palabras comenzaron a salir de su cuerpo agitado: «Padre… he pecado contra el cielo… y contra ti. No… soy digno… de ser llamado tu hijo… Hazme…». Pero las palabras bien ensayadas «como uno de tus jornaleros», nunca se escucharon. Fueron interrumpidas por este padre amoroso, acogedor, perdonador, y sí, sin duda, inquietante.

Lucas escribió: «Pero el padre ordenó a sus siervos: "¡Pronto! Traigan la mejor ropa para vestirlo. Pónganle también un anillo en el dedo y sandalias en los pies. Traigan el ternero más gordo y mátenlo para celebrar un banquete. Porque este hijo mío estaba muerto, pero ahora ha vuelto a la vida; se había perdido, pero ya lo hemos encontrado". Así que empezaron a hacer fiesta» (vv. 22-24).

No necesitamos tener un conocimiento detallado del antiguo oriente para captar el mensaje: de la muerte a la vida; de perdido a encontrado; de la pobreza en el chiquero a la vestimenta, el anillo, los zapatos, el ternero más gordo y la fiesta de celebración. Este es el lenguaje universal de la alegría. Sorprendentemente, el padre no castiga a su hijo descarriado, sino que lo perdona, lo restaura, lo enriquece y lo bendice.

El abrazo del perdón del padre significó que el hijo pródigo nunca pronunció la última oración de su discurso cuidadosamente elaborado. Este padre no tendría a su hijo en casa como empleado a sueldo ni sirviente doméstico. Era su hijo, y el padre le dio la bienvenida a su hogar, no para ser esclavo, sino un hijo resucitado de entre los muertos y adoptado de nuevo en la familia.

Sí, todo esto sobre pecar contra el cielo y ante los ojos de su padre es cierto, trágicamente. Pero el padre ya lidió con eso. Cargó con la vergüenza y la humillación él mismo. Llevó todo el costo del perdón y la restauración de su «hijo rebelde».

¿Cambió el padre? ¿Le suavizó el dolor?

No, él siempre fue este padre generoso. Pero tiene un hijo que, a través del profundo dolor del arrepentimiento, ha aprendido la diferencia entre «dame» (v. 12) y «hazme» o «trátame» (v. 19).

Sublime gracia del Señor que a un infeliz salvó,
Perdido fui, hallado soy;
Fui ciego y veo hoy.[15]

LA PERSPECTIVA DESDE LOS CAMPOS: EL HERMANO MAYOR

Así es la historia vista a través de los ojos del hijo pródigo que descubrió la gracia. Pero existe otra perspectiva, porque hay un hermano mayor en la parábola.

Este segundo hermano no es casual en la historia. En muchos sentidos, es tan central como su hermano menor más famoso.

Las parábolas de Jesús ilustran un principio importante de toda buena narración. En ocasiones, los académicos lo denominan: «el comienzo del clímax».

Usamos un principio similar cuando contamos chistes o historias divertidas. El clímax nunca está en el medio; siempre está al final. Si llega demasiado pronto, la broma se derrumba y nadie se ríe. Es insoportable tanto para el que lo cuenta como para el oyente. El clímax se llama «clímax» precisamente porque toma a las personas por sorpresa, como un golpe y, a diferencia de un golpe, su forma inesperada produce risas.

Lo mismo se aplica a las parábolas de Jesús. Por lo general, necesitamos leer hasta el final para llegar al clímax. En esta parábola, nos toma por sorpresa. El «clímax» depende de la presencia del hermano mayor.

Fariseos desenmascarados

Al comienzo de Lucas 15, se nos señala que Jesús «*les* habló esta parábola» (v. 3, énfasis agregado). ¿A quiénes? A «los fariseos y los maestros de la ley» que murmuraban (v. 2). Jesús estaba señalando con el dedo en esta parábola a aquellos que lo criticaron por sentarse y comer con los pecadores.

El hermano mayor era la forma en que Jesús estaba representando a estos líderes judíos. Había derramado gracia sobre hombres y mujeres pecaminosos, y ellos habían respondido a Su mensaje sobre el reino de Dios. Vinieron a Él para recibir amor, perdón y restauración. Pero la gracia que el Señor Jesús mostró repelió a los fariseos, y lo humillaron por ello, además de despreciar a quienes lo recibieron.

Jesús retrató vívidamente el espíritu de estos hombres en el hermano mayor. Cuando escuchó el sonido de la celebración, regresó del campo, apretó los dientes y exigió saber qué estaba sucediendo. Se enteró de las noticias, pero se negó a entrar o compartir cualquier parte de la celebración.

Pensarías que la gracia lo haría feliz. Pero provocó que el hermano mayor se sintiera miserable. Parecía incapaz de recibir la gracia o regocijarse en ella.

Lo que irritó al hermano mayor sobre la gracia era precisamente eso: la gracia. A sus ojos, el hijo menor no merecía lo que estaba recibiendo. ¿Acaso su padre no tenía sentido de la justicia? Lo trágico es que él mismo nunca había disfrutado de una relación de gracia con su padre.

Qué gran representación de una persona en cuya religión la gracia no tiene lugar y que, por lo tanto, nunca la experimenta. Su religión es su esclavitud, no su libertad. Está cautivo por lo que Pablo llama un espíritu de esclavitud (Rom. 8:15). De hecho, es una imagen trágica.

El hermano mayor vivía dentro del complejo familiar y tenía todas las oportunidades para estar cerca de su padre. Pero había una distancia entre él y el padre que, incluso al final de la parábola, permanece.

Los fariseos y los escribas fueron representados en el hermano mayor. Conocían la Torá, probablemente de memoria. De ellos, Jesús señaló: «Estudian con diligencia las Escrituras porque piensan que en ellas hallan la vida eterna» (Juan 5:39). Pero luego agregó, tristemente: «No quieren venir a mí para tener esa vida» (v. 40). La historia del hermano mayor es en sí misma una parábola de Juan 5:39-40, ambientada dentro de la parábola más grande de Lucas 15.

La tragedia

La religión puede ser mala para tu salud espiritual. Participar en deberes religiosos (incluso los buenos) puede ser muy engañoso. Puede desgraciar la gracia. Los fariseos no contemplaron la necesidad de venir a Cristo; después de todo, escudriñaban las Escrituras.

Jesús señaló otra característica de la religión sin gracia. No hay indicios en la parábola de que la familia recibiera noticias sobre el hijo pródigo del país lejano. Al parecer, el padre supuso que su hijo estaba muerto. Pero cuando el hijo pródigo regresó a casa, el hermano mayor se enojó con él. Su característica principal es que se enfocó en lo que la gracia había cubierto («el amor cubre multitud de pecados»,

1 Ped. 4:8). «¡Pero ahora llega ese hijo tuyo, que ha despilfarrado tu fortuna con prostitutas, y tú mandas matar en su honor el ternero más gordo!» (Luc. 15:30). Observa la dolorosa distancia que el hijo crea con su padre: «ese hijo tuyo», no «mi hermano». Ahora el hermano mayor se considera superior, no solo a su hermano, sino también a su padre. Restriega los pecados de su hermano en la cara de su padre.

Esta es a menudo una característica de muchas personas religiosas, que no prueban la gracia de Dios y que nunca han experimentado o disfrutado el perdón de los pecados. ¿Por qué deberían desear lo que creen que no necesitan? Después de todo, su historial seguramente es «aceptable» para Dios, ¿no es así? Son mejores que la mayoría. No son perfectos, por supuesto, pero ¿qué se puede esperar? La gracia, si la necesitaran, les sería deudora. Destacan las faltas de los demás para enfatizar el punto. Hablan el idioma del hermano mayor: «Pero ahora llega ese hijo tuyo…».

Observa la gracia que muestra el padre al hermano mayor: «Todo lo que tengo es tuyo» (v. 31). Pero su hijo mayor no se conforma con eso.

Aquí, entonces, hay dos señales seguras de que nuestra religión, incluso si la llamamos cristianismo, no es real. No nos alegra ver cuando la gracia de Dios toca las vidas de hombres y mujeres necesitados para llevarlos a la fe en Jesucristo, y no vemos ni sentimos ninguna necesidad especial de perdón para nosotros mismos. No nos consideramos «indignos».

Existe una tercera señal. «¡Fíjate cuántos años te he servido sin desobedecer jamás tus órdenes, y ni un cabrito me has dado para celebrar una fiesta con mis amigos!» (v. 29). La Nueva Traducción Viviente es más vívida y expresiva: «Todos estos años, he trabajado para ti como un burro…».

¿Es esta tu religión? No la libertad de un hijo, sino las cadenas de un esclavo. ¿Es la vida cristiana una carga para ti? ¿Te irrita ver a otros «obtener bendiciones por gracia» mientras sientes poca alegría real en el Señor? Así es el hermano mayor. ¿Te identificas con esto?

El hermano mayor era heredero de grandes riquezas. Sin embargo, hablaba como un niño quejumbroso: «Nunca me das nada. Nunca me dejas hacer nada». Esta es la imagen que nuestro Señor presentó sobre el espíritu de esclavitud, no del espíritu de adopción (Rom. 8:15).

LA PERSPECTIVA DESDE EL HOGAR: EL PADRE

Afortunadamente, hay una tercera perspectiva en esta parábola: la del padre.

El padre en esta parábola es a menudo considerado una imagen del Padre celestial. Pero en el contexto, Jesús se refería a sí mismo. Él es el pastor que rescata a las ovejas perdidas. Él es la mujer que encuentra la moneda perdida. Es el padre que le da la bienvenida al hijo pródigo.

Entonces, ¿qué nos enseña esto sobre Jesús? Hay algo escandaloso en la libertad de la gracia del padre. Corre para encontrarse con su hijo, le otorga el perdón y seguridad. Lanza sus brazos alrededor del hijo pródigo y lo besa. Le plasma marcas de su amor. «Traigan la mejor ropa para vestirlo». ¿Las había estado guardando con la esperanza de que su hijo regresara? «Pónganle también un anillo en el dedo». En el antiguo oriente, esto era una marca de autoridad, a veces incluso de la realeza. «Y sandalias en los pies». Los esclavos no usaban sandalias, ni los invitados. Solo los miembros de la familia usaban sandalias.

Todos estos son indicios de que el padre no tenía intención de recibir a su hijo perdido como un sirviente o de convertirlo en un esclavo. Lo recibiría nuevamente en la familia porque lo perdonaba y lo amaba. Le dio la bienvenida, no a la servidumbre, sino a la adopción. «Traigan el ternero más gordo y mátenlo», exclamó con alegría. «Tengamos un banquete para celebrar. Este hijo mío que exigió la vida y encontró solo la muerte, ahora está vivo otra vez; ¡estaba en el chiquero del país lejano, pero ahora está en casa!

La fiesta de la gracia

Hasta que hayas llegado al final del viaje de regreso a la fe en Jesucristo, es probable que lo único que esperes de Cristo sea el castigo. Pero cuando el hijo pródigo realizó el viaje, descubrió una fiesta familiar.

Los Evangelios contienen varias referencias a celebraciones y fiestas. Esto expresa maravillosamente la visión de Jesús de lo que significa pertenecer al reino de Dios, a la comunión de Su pueblo y a la Iglesia que comenzaba a edificar. Somos invitados a una celebración. Sí, hay otro lado de la vida cristiana, y se expresa aquí: una profunda pena por el pecado, el arrepentimiento y la costosa gracia. Pero la alegría en el perdón siempre está ahí.

Desde afuera, la vida cristiana puede parecer algo muy sobrio. Lo es, en muchos aspectos. Pero desde adentro, también es una vida de gran alegría. Al entrar en el reino de Dios, te encuentras con personas que comparten el perdón y la justificación de Dios.

Es posible que hayas vivido una vida de inmoralidad y hayas estado lejos de Cristo, y luego hayas sido llevado a confiar en Él como Salvador y Señor. O puede que hayas vivido una vida de severa disciplina religiosa y, sin darte cuenta, te hayas alejado de Cristo. En cualquier caso, cuando vienes y dices: «Padre, he pecado contra el cielo y ante ti, y ya no soy digno de ser llamado tu hijo», antes de que salga otra palabra de tu boca, Él te abraza. Entonces te das cuenta de que ha hecho más que perdonarte y considerarte justo. Te ha traído a Su familia y te ha convertido en Su hijo.

¿Bueno, dónde te encuentras? ¿En casa? ¿Muy cerca de casa, pero sin haber confiado realmente en el Salvador? ¿O muy lejos de casa y comenzando a escuchar la voz del Salvador?

¿Qué harás?

Esta parábola a veces es titulada «la parábola de los dos hijos». Pero antes, mencionamos que en realidad hay tres hijos.

EL TERCER HIJO

¿Has reconocido al tercer hijo?

Cuenta los hijos.

Uno salió de casa y regresó.

Un segundo se quedó en casa, pero permaneció lejos.

¿Dónde está el tercer hijo?

El tercero es el Hijo que relata la historia. Él es el Hijo que estaba en casa con Su Padre, pero vino al país lejano. Si no lo vemos, perdemos el significado de la parábola. Los personajes de la historia, por muy realistas que sean, son imaginarios. Jesús, sin embargo, no lo es. Él es quien, mediante una costosa gracia y una gran humillación, proporciona el camino para que los hijos pródigos sean bienvenidos en casa.

De esto se trata realmente la historia. Así como lo dijo, Jesús estaba hablando tanto con los hijos pródigos como con los hermanos mayores, y los invitaba a venir a Él, a confiar en Él y a experimentar la alegría de ser Suyos. El hijo pródigo bien podría haber entonado el himno del pastor Sibomana.

Mi Dios me ha elegido,
Aunque sea indigno,

Para sentarme junto a mi rey en la corte del cielo.
¡Escucha lo que mi Señor ha hecho!
¡Oh, el amor que lo hizo correr para encontrarse con
Su hijo errante!
Esto ha hecho Dios.

¡Ojalá el hermano mayor hubiera cantado junto con él! Es natural, y correcto, preguntarnos: ¿Dónde me encuentro en esta historia? ¿Puedes ubicarte en la historia? ¿Eres el hijo pródigo o el hermano mayor?

Pero es aún más importante preguntar: ¿Ves a Jesús como tu Salvador en esta historia?

Es aquí donde todo comienza.

3

No por mi justicia,
Porque no tengo ninguna,
Sino por Su misericordia,
Jesús, el Hijo de Dios,
Sufrió en la cruz del Calvario.
Crucificado con ladrones fue Él.
Grande fue Su gracia para mí,
siendo yo rebelde.

Capítulo 3

A EXPENSAS DE DIOS

¡Oh, cómo me asombra la gracia de Dios! nos lleva, paso a paso, a través de varias dimensiones de la gracia salvadora de Dios. El tercer verso ilustra el tema de este capítulo: la salvación fue costosa para Dios. E. T. Sibomana escribió:

Jesús, el Hijo de Dios,
Sufrió en la cruz del Calvario.
Crucificado con ladrones fue Él.
Grande fue Su gracia para mí,
siendo yo rebelde.

Hace varios años, escuché al exministro del gabinete británico, Jonathan Aitken, hablar en privado y en público sobre la soledad que experimentó cuando fue arrestado por perjurio, juzgado, declarado culpable, encarcelado y, quizás lo peor de todo, despojado públicamente de su reputación como político destacado y potencial primer ministro de Gran Bretaña.

Por la gracia de Dios, Aitken se convirtió al cristianismo.[16] Ahora sería el primero en decir que la soledad, el sufrimiento y la pérdida de su reputación, sin importar cuán intensamente lo sintiera, fueron menores en comparación con la profundidad de la soledad e intensidad del sufrimiento de Jesús cuando fue arrestado, juzgado y condenado; en Su caso, injustamente.

Los escritores de los Evangelios (quizás Lucas en particular, que parece haber sido inusualmente sensible a estas cosas) resaltan el costo de la salvación en la forma en que trazan las últimas 24 horas de la vida de Jesús. El significado de Su pasión está entretejido en el contenido y la trama de la narración. Estas horas nos trasladan desde la cena de Pascua que compartió con Sus discípulos en el aposento alto hasta el momento en el Gólgota, cuando inclinó serenamente la cabeza y entregó Su espíritu en manos de Su Padre celestial.

En la soledad

Toda la historia de la pasión de Jesús —Su arresto, Su juicio, Su sufrimiento y Su ejecución pública— es una muestra de la más espantosa soledad y aislamiento experimentados voluntariamente para restaurarnos a la comunión con Dios.

Después de la comida en el aposento alto, Jesús fue al Jardín de Getsemaní. Allí buscó el consuelo de Su Padre y el aliento de Sus discípulos. Tomó a Pedro, Santiago y Juan (Su «círculo íntimo») y los separó de los demás. Luego se aisló incluso de ellos, y estuvo completamente solo.

En las horas que siguieron, este aislamiento se intensificó. Jesús se separó aún más de Sus discípulos, amigos y familiares, aunque ellos vinieron, valientemente, para estar con Él en Su ejecución. Esta fue seguramente la hora que Simeón previó cuando le dijo a la joven María: «una espada te atravesará el alma» (Luc. 2:35).

Desde Su arresto hasta que Simón de Cirene lo ayudó a cargar Su cruz, Jesús no tuvo contacto cercano con ayuda humana; de hecho, Su único avistamiento de Simón Pedro fue cuando este lo negó (Mat. 26:74; Luc. 22:61). ¿Jesús también habrá sentido una espada que le atravesaba el alma cuando escuchó las palabras: «No conozco al hombre»? En el Gólgota, tuvo más contacto con aquellos que lo habían conocido mejor y lo amaban más.

Pero le esperaban más cosas terribles. Jesús se sintió abandonado por Dios y gritó en la cruz: «Dios mío, Dios mío, ¿por qué me has desamparado?» (Mat. 27:46).

Como Lucas relata la historia, el juicio de Jesús tuvo lugar en dos partes: una religiosa, la otra civil o secular. Los líderes religiosos se burlaron de Él, al igual que los soldados romanos. La mente (supuestamente) celestial conspiró con la mente terrenal para provocar la ejecución y destrucción de Jesús de Nazaret.

Lucas destaca su historia con una serie de preguntas sobre Jesús y responde a medida que se desarrollan los eventos. Enfatiza toda la narrativa de la pasión (Luc. 22:47–23:56). De diferentes maneras, se dan respuestas a la pregunta: «¿Qué está pasando realmente aquí en este flagrante error judicial?».

Lucas elabora su narrativa cuidadosamente. Selecciona escenas y palabras para ayudarnos a ver los problemas reales. Nos muestra que hay un significado para esta serie de eventos aparentemente sin sentido. Ese significado brilla a medida que la narración comienza a enfocarse en preguntas sobre la identidad de Jesús.

¿HIJO DEL HOMBRE E HIJO DE DIOS?

La primera de estas preguntas fue formulada por los principales sacerdotes y los maestros de la ley cuando se reunieron en el concilio judío (el Sanedrín): «¿Eres tú, entonces, el Hijo de Dios?» (Luc. 22:70).

En realidad, no les interesaba conocer la verdad. Estaban torturándolo, tanto mental como físicamente. O destruirían a Jesús o Él se destruiría a sí mismo mediante una confesión de blasfemia.

La pregunta: «¿dices ser el Hijo de Dios?» surgió por lo que Él había declarado: «En adelante el Hijo del hombre estará sentado a la derecha del Dios Todopoderoso» (v. 69).

La autodescripción «Hijo del hombre» fue usada virtualmente en exclusiva por Jesús mismo. Fuera de los Evangelios, Esteban el mártir es la única otra persona que la utiliza: «¡Veo el cielo abierto —exclamó—, y al Hijo del hombre de pie a la derecha de Dios!» (Hech. 7:56).

Los discípulos más cercanos de Jesús, que lo escucharon usar este título a menudo, nunca parecen haberse referido a Él como «el Hijo del hombre». Pero registraron que Jesús utilizó esta frase aproximadamente en 40 ocasiones.

¿Qué se supone que debemos aprender de esto? Nuestro Señor empleó esta autodescripción de «Hijo del hombre» esencialmente en tres formas o contextos:

• Cuando describió la humildad de Su vida y servicio.

• Cuando habló sobre lo horrible de la pasión y el sufrimiento que experimentaría.

• Cuando habló sobre Su ascensión y el esplendor de la majestad y la gloria que seguiría a Su muerte.

Estos tres contextos sugieren que «Hijo del hombre» no es una referencia a la naturaleza humana de Jesús, como «Hijo de Dios» expresa

Su naturaleza divina. El título «Hijo del hombre» se usa para expresar la humildad y la humanidad de Jesús. Pero implica mucho más que eso.

La visión de Daniel

El uso del título por parte de Jesús surgió, parcialmente, de Daniel 7:13-14:

> En esa visión nocturna, vi que alguien con aspecto humano venía entre las nubes del cielo. Se acercó al venerable Anciano y fue llevado a su presencia, y se le dio autoridad, poder y majestad. ¡Todos los pueblos, naciones y lenguas lo adoraron! ¡Su dominio es un dominio eterno, que no pasará, y su reino jamás será destruido!

Daniel ve a Dios el Padre, el Anciano de días, sentado en un trono majestuoso y glorioso, rodeado de Su corte celestial. En su visión, alguien venía en las nubes del cielo hacia el venerable Anciano. Parece estar usando las nubes como su carro triunfal mientras se acerca al trono de la Majestad en las alturas. Él viene al trono para ser exaltado. Recibe del Altísimo toda autoridad en el cielo y en la tierra.

Esto, por supuesto, es una imagen de la identidad oculta del Señor Jesús. Él es este Hijo del hombre. Él es el único que está calificado para sentarse a la diestra de la Majestad en las alturas.

Así, con el uso de «Hijo del hombre», Jesús entrelazó la realidad de que había venido a compartir nuestra naturaleza humana y a hacer por nosotros lo que no podíamos hacer por nuestra cuenta. Él vino a ministrarnos y a sufrir por nosotros. Pero después, fue a tomar Su lugar legítimo nuevamente a la diestra de la Majestad en las alturas, como Rey de reyes y Señor de señores. El Hijo del hombre salió de

Su humillación para compartir el trono de la exaltación, y compartirá Su triunfo y gloria con todos Sus santos (Dan. 7:18).

Los líderes religiosos conocían bien Daniel 7. Cuando preguntaron: «¿Eres tú el Hijo de Dios?» y recibieron la respuesta de Jesús de que verían al Hijo del hombre sentado a la diestra del trono de Dios, reconocieron la referencia. Ellos estaban abusando de Él. Era su prisionero: humillado, débil, destinado a un mayor rechazo y vergüenza. Intentaban intimidarlo para que confesara y pudieran condenarlo sin juicio. Pero Jesús les habló con dignidad: «De ahora en adelante el Hijo del hombre estará sentado a la derecha del Dios Todopoderoso». Entonces, se lanzaron a matar de inmediato, con sus cuchillos afilados para destruirlo: «¿Eres tú, entonces, el Hijo de Dios?». Él respondió: «Ustedes mismos lo dicen» (Luc. 22:69-70). Ellos concluyeron: «¿Para qué necesitamos más testimonios? [...]. Acabamos de oírlo de sus propios labios» (v. 71).

Jesús ciertamente confesó Su identidad. Sí. ¿Pero era culpable de blasfemia? No. Estos líderes no investigaron ni la veracidad ni la legalidad de la afirmación de Jesús. No tenían interés de indagar. El reclamo en sí fue suficiente para que exclamaran: «¡Blasfemia! No necesitamos más testimonio. Ya no es necesario tratar de sobornar a testigos. Podemos prescindir del proceso. Lo hemos escuchado de Sus propios labios. Somos testigos de que este hombre ha afirmado ser el Hijo del hombre y el Hijo de Dios». Entonces acusaron a Jesús y lo condenaron por blasfemia.

Cambiar el cargo

El castigo apropiado era la muerte. Pero ellos sabían, como serpientes astutas que eran, que las autoridades seculares no confirmarían el cargo. No proporcionaron pruebas suficientes para inducir a los romanos a ejecutar al Señor Jesús. Después de todo, la teología del

Imperio romano dejaba espacio para todo un panteón de figuras divinas. ¿Qué daño haría otro, siempre y cuando también confesara que «el César es dios»?

A medida que se desarrolla la narración, toda la asamblea se levantó y llevó a Jesús a Poncio Pilato.

Pero luego, los cargos en Su contra cambiaron. Ante Pilato, lo acusaron no de blasfemia, sino de subvertir la nación, oponiéndose al pago de impuestos al César y afirmando ser «Cristo, el Rey» (Luc. 23:2).

Poncio Pilato, el gobernador romano, era un hombre codicioso, cruel e inflexible que despreciaba a los judíos. Pero en esta etapa de su vida, su carrera parece haber estado en peligro. Eso bien podría explicar su debilidad durante el juicio de Jesús. La sola mención de la palabra «rey» fue suficiente para ponerlo nervioso.

Esto nos lleva a la segunda pregunta que domina este pasaje.

¿EL REY DE LOS JUDÍOS?

La segunda pregunta se formó en los labios del gobernador provincial romano. Hizo una pregunta apropiada, dada la forma en que Jesús había sido llevado ante él. «¿Cuál es la evidencia de este cargo de sedición?». Le preguntó a Jesús: «¿Eres tú el Rey de los judíos?» (Luc. 23:3a).

Jesús le respondió a Pilato en términos similares a aquellos con los que había respondido al Sanedrín: «Tú mismo lo dices» (v. 3b).

Pilato pudo haber sido un romano cruel e intolerante, pero no era ingenuo. Presumiblemente, los puestos de autoridad más allá de la frontera suponían algún tipo de programa de capacitación. Pilato tenía una vaga idea de que las Escrituras judías prometían que vendría un Rey mesiánico. De hecho, en el primer pergamino de sus libros sagrados, había una promesa ominosa de un Conquistador venidero. Pilato sabía bien que su Dios, «El Nombre», como lo llamaban, había prometido que establecería un Rey propio en el trono de David. El gobernador probablemente despreciaba estas profecías, pero no podía haberlas ignorado. Es más, lidiar con las esperanzas mesiánicas, lo que significaba intentar sofocarlas, era una de sus tareas más básicas como gobernador.

Los líderes judíos también sabían lo que estaban haciendo cuando llevaron a Jesús ante Pilato. El gobernador sería indiferente al cargo de blasfemia, pero extremadamente sensible a la traición. Ahí estaba su ventaja. Sabían que él no manejaba bien ese tipo de situaciones, y en esta ocasión, al menos, estaban seguros de que podían usar esto para su ventaja.

Su acusación, por lo tanto, era que Jesús era una amenaza para la *Pax Romana*. Cualquier reclamo de realeza significaba problemas para Roma. Y los problemas para Roma significaban problemas para Poncio Pilato. Esto tenía que evitarlo a toda costa. Estaba demasiado familiarizado con la política mesiánica y sus peligros. Sabía todo sobre la guerra de guerrillas. Estaba constantemente atento a la inteligencia sobre las diversas organizaciones de resistencia clandestinas.

Pero ahora estaba ante él Jesús de Nazaret: avergonzado, humillado, maltratado, degradado, intimidado y privado de sueño.

Poco podría Pilato haberse percatado de que las próximas horas lo convertirían en una de las figuras más famosas de toda la historia, la única figura política romana cuyo nombre está en boca de millones de personas semanalmente mientras recitan el Credo de los Apóstoles en cien idiomas: «Yo creo [...] en Jesucristo quien [...] sufrió bajo Poncio Pilato...».

Aquí, entonces, estaba el Hombre que los sacerdotes y el Sanedrín afirmaban que era sumamente conflictivo. Lo habían acusado de blasfemia; para ellos, el más atroz de todos los pecados. Ahora habían agregado la acusación de traición, la subversión contra Roma, el más grave de los crímenes civiles. ¿Qué haría Pilato?

Cargos: ¿verdaderos o falsos?

Los cuatro Evangelios dejan en claro que Pilato sabía que estos cargos eran falsos. Intentó, sin éxito, salir de la situación cuando supo que Jesús era de Galilea. Esa era la jurisdicción de Herodes. Sabía que Herodes estaba en la ciudad para la Pascua y envió a Jesús ante él. Pero Herodes y sus soldados simplemente se burlaron de Jesús y lo enviaron de regreso a Pilato vestido con «un manto lujoso» (Luc. 23:11). ¿Era una señal para Pilato de que, en lo que concernía a Herodes, podía hacer lo que quisiera? ¿Herodes decía que apoyaría a Pilato, sin importar qué?

Pilato todavía tenía una sensación de inquietud. ¿Podría este hombre realmente ser culpable de traición?

¿Podría realmente ser un provocador contra Roma?

Jesús, a pesar de la humillación a la que obviamente había sido sometido, parecía digno, amable, equilibrado, impresionante.

En lugar de acusar a Jesús, Pilato se vio envuelto en una discusión con Él. Algo estaba profundamente mal aquí, como su esposa le recordaría más tarde («No te metas con este justo, pues, por causa de él, hoy he sufrido mucho en un sueño», Mat. 27:19). Aquí no había arrogante hostilidad judía; Él no era un fanático. ¿Traición, traición contra el emperador? «¡No hay rey si no César!». Pilato escuchaba a la multitud clamar. Pero había una verdadera gracia sobre este hombre. Hablaba como si no estuviera sujeto al poder de Roma; de hecho, no estaba sujeto a ningún poder terrenal.

Por lo tanto, el infeliz Poncio Pilato se vio obligado a investigar el cargo capital. Pronto, de manera pública (y con una teatralidad exagerada), se lavaría las manos en cuanto a Jesús de Nazaret, o eso pensaba (poco se percató de que lo único por lo que sería recordado en la historia serían sus manos manchadas de sangre). Entonces, el cargo capital condujo inexorablemente a la pena capital.

Esto tuvo lugar a pesar de dos hechos.

Primero, Jesús le explicó pacientemente a Pilato que Su reino no era político ni de este mundo (Juan 18:33-38).

Pero aún más importante es una segunda característica en el relato de Lucas. En su narrativa, tejió una serie de declaraciones en las que se demuestra que Jesús es inocente. Una y otra vez, a medida que se presentan los cargos, se reconoce que Jesús, sin reservas, no es culpable de ninguno de ellos.

Esta letanía de absoluciones es tan impresionante que vale la pena detenerse para observarla a detalle:

• Lucas 23:4. Pilato: «No encuentro ninguna base para un cargo contra este hombre».

• Lucas 23:14. Pilato: «Habiéndolo examinado en tu presencia, no he hallado ninguna falta en este hombre con respecto a aquellas cosas de las cuales lo acusas».

• Lucas 23:15. Pilato: «Él no ha hecho nada que merezca la muerte».

• Lucas 23:22. Pilato: «No he encontrado razón para morir en él».

• Lucas 23:41. Uno de los criminales crucificados con Jesús: «Somos castigados justamente, porque estamos obteniendo lo que nuestros actos merecen. Pero este hombre no ha hecho nada malo».

• Lucas 23:47. El centurión romano a cargo de la ejecución: «¡Ciertamente este era un hombre justo!».

Jesús no fue falsamente juzgado como culpable sobre la base de una lectura errónea de la evidencia. Fue ejecutado, a pesar de que el veredicto dictado sobre Él fue: «¡inocente!».

Incluso desde el punto de vista del drama humano, aquí hay una gran tensión, un choque entre dos mundos. A medida que la narración avanza inexorablemente hacia la crucifixión de Jesús, condenado por blasfemia y traición, un coro creciente de voces mantiene Su inocencia e integridad hasta que, por fin, una figura romana solitaria aparece en el centro de la escena para resumir todo lo que se ha dicho: «¡Es inocente! Este es un hombre justo».

¿Por qué encontramos esta marca de agua en el relato de la pasión de Jesús?

¿Por qué se le presta tanta atención a que Jesús haya sido acusado de los crímenes particulares de blasfemia y traición?

¿Y por qué, cuando ambos cargos eran demostrablemente falsos y no podían resistir en un tribunal de justicia, Jesús no fue liberado?

¿Por qué fue ejecutado por crímenes que nunca cometió?

¿EL CRISTO?

En realidad, plantear estas preguntas es el punto central de la narrativa. Esto queda claro cuando notamos una investigación sobre la identidad en el pasaje: «Si tú eres el Cristo, dinos» (Luc. 22:67).

Se le preguntó a Jesús: «¿Eres el Hijo de Dios?». La respuesta fue: «Sí».

Se le preguntó: «¿Eres un rey?». Una vez más, la respuesta fue: «Sí».

Pero la primera pregunta fue: «¿Eres tú el Cristo?».

«Cristo» no es parte del nombre propio de Jesús. Es un título, la traducción griega de la palabra hebrea *Mesías*, «la persona que ha sido ungida»; en este caso, la persona ungida por Dios. «Jesucristo» significa «Jesús el Mesías» o «Jesús el Ungido de Dios».

En el período del Antiguo Testamento, Dios mostró a Su pueblo imágenes e ilustraciones de la obra que eventualmente haría en

Jesucristo. Dio profetas para que les hablaran Su Palabra, sumos sacerdotes que, entre otras cosas, ofrecían sacrificios por sus pecados, y reyes que los dirigían como nación en los caminos del Señor. Todos estos fueron ungidos con aceite como símbolo de que Dios los había llamado a un ministerio especial en nombre de Su pueblo.

Jesús es el Cristo; cumple estos tres roles. El papel fundamental de los profetas, los sacerdotes y los reyes no era simplemente ministrar a sus contemporáneos, sino señalarles hacia Cristo. Él sería la Palabra de Dios, ofrecería el sacrificio supremo —es decir, Él mismo— que eliminaría el pecado, y sería el Monarca cuyo reino nunca terminaría.

Tal persona había sido prometida en el Antiguo Testamento: un profeta mayor que Moisés (Deut. 18:15-19), un sacerdote según el orden de Melquisedec (Sal. 110:4), un rey que reinaría para siempre como el Hijo de David (Sal. 2:6). Jesús es el Mesías prometido, el Cristo.

Entonces, con la imagen que Lucas plasmó de la pasión de Jesús, comenzamos a ver lo que realmente estaba sucediendo. Contrario al deseo de aquellos que querían destruir a Jesús, ellos mismos fueron atrapados en los propósitos de Dios para llevar la salvación a los pecadores a través de Su Hijo (Hech. 2:23).

Ante sus ojos cegados, Jesús estaba cumpliendo Su ministerio mesiánico.

Profeta, Sacerdote y Rey

Observa cómo surgió todo esto. Los hombres que vigilaban a Jesús comenzaron a burlarse y golpearlo. Le vendaron los ojos y le dijeron: «¡Adivina quién te pegó!» (Luc. 22:64). Jugaron con Jesús: «¡Profeta! ¡Profeta! Si eres profeta, ¡profetiza!».

Luego, a medida que la pasión de Jesús progresó, Herodes y sus soldados también lo ridiculizaron y se burlaron de Él. Lo vistieron con una elegante túnica y lo enviaron de regreso a Pilato (23:6-12). Era como si dijeran: «Si eres un rey, debes estar vestido como un rey».

Luego, cuando la gente se burló de Él durante Su crucifixión, uno de los criminales crucificados junto a Jesús dijo: «¡Si tú eres el Mesías, sálvate a ti mismo y sálvanos también a nosotros!» (23:39).

Esa era la tarea específica del sumo sacerdote. Ese era su ministerio supremo en Yom Kipur, el día de la expiación anual. Presentaba sacrificios por el perdón de sus propios pecados y luego llevaba sangre del sacrificio al lugar santísimo, el lugar más sagrado de todos, tan sagrado que solo se ingresaba una vez al año, y solo un hombre podía hacerlo. En ese día sagrado, el sumo sacerdote rociaba la sangre de un animal sacrificado en el trono simbólico de Dios en la tierra y oraba por el perdón del pueblo. Entraba en la presencia de Dios ese día para «salvar a otros», poniendo en peligro su propia vida al hacerlo (Ex. 28:35).

Entonces, cuando el ladrón moribundo se volvió hacia Jesús y le dijo: «Si tú eres el Cristo, entonces sé el Gran Sumo Sacerdote, sálvate a ti mismo y a los demás», no se dio cuenta de que salvar a los demás era precisamente lo que Jesús estaba haciendo. Para hacerlo, tuvo que perder Su propia vida.

Se burlaron de Él como si no fuera un verdadero profeta. Pero pronto, el Señor se volvería hacia el ladrón moribundo que dijo: «Jesús, acuérdate de mí cuando vengas a tu reino» (Luc. 23:42), y le hablaría con la majestad y autoridad del Profeta final y verdadero: «Te aseguro que hoy estarás conmigo en el paraíso».

Ese ladrón moribundo contempló algo que nadie más pudo ver. Observó que Jesús era el Rey y que Su reino se extendería más allá de la muerte de ambos.

Sin duda, Él era el Cristo.

En las últimas horas de la vida de Jesús, toda la tierra se oscureció. Los escritores de los Evangelios solo mencionan el hecho sin comentarios ni explicaciones. El evento puede haberles recordado más de un suceso significativo en el pasado. Uno de ellos seguramente habría sido el día de la expiación, cuando el sumo sacerdote se movía de los atrios exteriores del templo a la oscuridad de la habitación interior del lugar santísimo para presentar el sacrificio y orar por la gente. En esa habitación escondida, el sol nunca brillaba. El gran sacrificio se ofrecía a Dios lejos de miradas indiscretas.

El día de la crucifixión de Jesús, toda la tierra se convirtió en el lugar santísimo donde Jesús, el sumo Sacerdote, no presentó el sacrificio anual, sino el sacrificio final por los pecados. El simbolismo se cumplió en la realidad. Por lo tanto, el símbolo en sí ya no era necesario. La gran cortina del templo se rompió de repente en dos, de arriba abajo (Luc. 22:45). El camino a Dios ahora estaba abierto. De esa forma drástica, Dios mismo secularizó el templo.

Jesús realmente fue el sumo Sacerdote. Todos los sumos sacerdotes anteriores eran solo representaciones, actores en un largo drama que comunicaban un mensaje a los que miraban, señalando al que había de venir y revelándolo a los que tenían ojos para ver. Jesús mismo era la realidad. A diferencia de los dramas de sacrificio anteriores, esta vez, el sumo Sacerdote entró en la presencia de Dios y, sobre el altar del Calvario, derramó Su propia sangre. Como el Suyo era el verdadero sacrificio, Dios confirmó que era aceptable para Él al profanar el templo. Era como declarar: «Esto ya no es necesario». Destruyó el viejo orden. Había cumplido Su propósito.

En la cruz

A medida que el drama se desarrollaba, surgió otra sorpresa.

La crucifixión era una muerte horrible; una muerte lenta. Los hombres finalmente morían por asfixia. A medida que se debilitaban, ya no podían levantar el cuerpo lo suficiente como para respirar. Sin embargo, leemos que Jesús clamó en voz alta (Luc. 23:46). ¿Fue solo un gran esfuerzo final de Su parte?

Además, Jesús parece haber muerto mucho antes de lo esperado (Juan 19:31-33). ¿Acaso Lucas nos está indicando que Jesús eligió el momento de Su muerte; que, en un sentido especial, murió deliberada, soberana y activamente? Parece que eligió el momento con autoridad real, gritando en voz alta: «¡Padre, en tus manos encomiendo mi espíritu!» (Luc. 23:46). Luego inclinó la cabeza y exhaló Su último aliento.

En el relato de Lucas sobre la crucifixión, es fascinante notar la frecuencia con la que utiliza la palabra «salvar». «Salvó a otros […]; que se salve a sí mismo» (23:35). «Sálvate a ti mismo» (23:37). «¡Sálvate a ti mismo y a nosotros!» (23:39).

Lucas no fue testigo ocular de estos acontecimientos. Se convirtió al cristianismo más tarde. Pero nos dice que hizo todo lo posible por hablar con testigos oculares (Luc. 1:1-4), como un periodista de investigación. Tomó lo que dijeron estos testigos oculares y, mientras escuchaba, comenzó a presenciar una imagen increíble. En la cruz, la palabra que con mayor frecuencia estaba en boca de las personas, incluso en los insultos, era la clave de todo lo que estaba sucediendo. El que estaba siendo despreciado como Profeta, como Sacerdote y como Rey en realidad era el Profeta, Sacerdote y Rey de Dios: el Cristo, el Salvador. En realidad, estaba haciendo lo que cínicamente le pedían que hiciera. Ellos, sin embargo, hablaban en ignorancia; no entendían que, si Él iba a salvar a otros, no podía salvarse a sí mismo.

Aquí, entonces, está el misterio de la cruz, todo su secreto.

El testimonio de un criminal

Pocos entendieron el secreto. Uno de ellos era un criminal judío que reconoció que este Jesús crucificado no era otro que el Rey:

«Señor, acuérdate de mí cuando vengas a tu reino», expresó. ¿Qué podía contribuir a su salvación? No tenía más que necesidad. Pero eso es todo lo que se necesita si nos lleva a Jesús, el Profeta, el Sacerdote y el Rey, el Salvador que murió en la cruz por nuestros pecados.

Hay un precioso manantial
De sangre de Emanuel
Que purifica a cada cual
Que se sumerge en Él.
El malhechor se convirtió
Pendiente de una cruz.
Él vio la fuente y se lavó
Creyendo en Jesús.
Y yo también mi pobre ser
Allí logré lavar.
La gloria de Su gran poder
Me gozo en ensalzar.[17]

Cerca de este criminal judío que vio que Jesús era el Rey estaba un oficial del ejército romano. ¿Se habrá unido antes a la burla de Jesús con sus subordinados? Posiblemente, ya que sabemos que «también los soldados se acercaron para burlarse de él» (Luc. 23:36). Pero después, este hombre reconoció que Jesús era justo (23:47). ¿Por qué, entonces, estaba sufriendo este castigo? Una vez más, la narración de Lucas nos plantea esta pregunta. Nos guía a comprender que Jesús debió sufrir por la injusticia de los demás. ¿Pero de quién?

¿Es posible que este oficial romano haya podido pronunciar estas palabras?

He aquí el hombre sobre una cruz,
Mi pecado sobre Sus hombros.
Avergonzado, escucho mi voz
Gritar entre los burladores.

Fue mi pecado lo que lo mantuvo allí
Hasta que cumplió.
Su último aliento me ha traído vida.
Sé que está consumado.[18]

Blasfemia y traición

Los dos cargos formulados contra Jesús fueron blasfemia (que se había hecho igual a Dios) y traición (que había rechazado la autoridad legalmente constituida).

¿Por qué eran tan importantes esos dos cargos? Porque son los cargos que cada uno de nosotros enfrenta ante el tribunal de Dios.

Ante ese tribunal, soy culpable de blasfemia, porque me he colocado en el lugar de Dios, en el centro del universo.

También soy culpable de traición, ya que he tratado de revocar Su autoridad legalmente constituida sobre mi vida.

La blasfemia y la traición también fueron crímenes de Adán. Estos son los crímenes antiguos de los que todos nosotros, viejos y jóvenes, ricos y pobres, sabios y necios, famosos e infames, somos acusados. Todos somos culpables.

¡Pero Jesús ha venido!

Llevando la vergüenza y soportando las burlas,
En mi lugar de condenación permaneció,
Selló mi perdón con Su sangre:
¡Aleluya! ¡Qué salvador![19]

Cuán bien expresa esto Christopher Idle:

Se presentó ante el tribunal,
Juzgado en lugar nuestro;
Enfrentó su doloroso poder,
condenado a enfrentar la cruz.
Nuestro rey, acusado de traición;
¡Nuestro Dios, castigado por blasfemia![20]

Jesús vino y sufrió todo esto para tomar nuestro lugar, para soportar nuestro juicio, para lidiar con nuestro pecado y para salvarnos.

Todo esto lo vemos en la imagen que Lucas retrata de la pasión de Jesús. El motivo central ahora está claro: Jesucristo murió por los pecadores, el justo por los injustos, para llevarnos a Dios (ver 1 Ped. 3:18).

El significado de la cruz es este: «Cuando todavía éramos pecadores, Cristo murió por nosotros» (Rom. 5:8).

Él tomó mi lugar. Yo tomé Su gracia. Se convirtió en mi Salvador.

¿Es esto cierto para ti?

No por mi justicia,
Porque no tengo ninguna,
Sino por Su misericordia,
Jesús, el Hijo de Dios,
Sufrió en la cruz del Calvario.
Crucificado con ladrones fue Él.

¿Eres capaz de cantar esto?
Grande fue Su gracia para mí,
siendo yo rebelde.

4

Y cuando pienso en cómo,
En el Calvario,
Soportó el castigo del pecado en mi lugar,
Asombrado, me pregunto por qué
Él, quien no pecó,
Murió por alguien tan vil como yo;
¡Mi salvador Él es!

Capítulo 4

UN GRAN INTERCAMBIO

Ciento cuatro hombres han sido arzobispos de Canterbury. En el año 1093, uno de los más grandes escribió un libro que se encuentra entre las obras de teología más influyentes jamás escritas.

Era un italiano de nombre Anselmo.

Anselmo fue una figura medieval. A veces se lo describe como «el padre de la escolástica medieval», una forma de pensar y estudiar utilizada en las diversas «escuelas» de aprendizaje en la Europa medieval, que sirvió como precursora de las universidades. Aunque no es una sorpresa, ya que escribió en latín, Anselmo le dio a su gran libro un título en latín: *Cur Deus Homo*, es decir: *¿Por qué el Dios-Hombre?* O tal vez: *¿Por qué Dios se hizo hombre?*

Es un gran título. Tres simples palabras en latín (*Por qué, Dios* y *Hombre*) nos llevan a la pregunta más importante de la Biblia.

Esta es la pregunta en el corazón del asombro que E. T. Sibomana expresó:

Y cuando pienso en cómo,
En el Calvario,
Soportó el castigo del pecado en mi lugar,
Asombrado, me pregunto por qué
Él, quien no pecó,
Murió por alguien tan vil como yo;
¡Mi salvador Él es!

Varios pasajes del Nuevo Testamento responden a la pregunta de Anselmo y explican el asombro del pastor Sibomana. Entre ellos, está 2 Corintios 5.

El evangelio es una invitación a recibir un regalo. Pero mucha gente lo escucha como un llamado a mejorar. Pablo dejó en claro que el evangelio no se trata de algo que hacemos. Se trata de lo que Dios ha hecho por nosotros en Jesucristo.

El predicamento de la humanidad es multifacético. El evangelio debe ser multifacético, para así poder salvarnos.

En algunas ocasiones, Pablo utilizó el lenguaje de la corte de justicia. Somos culpables, pero por la gracia de Dios podemos ser justificados.

En otras ocasiones, usó el lenguaje del templo. No somos aptos para venir a la presencia de un Dios santo, pero en Su misericordia, Él ha provisto un camino para que nuestros pecados sean cubiertos y para que Su rostro sea descubierto en gracia para nosotros.

A veces, Pablo empleó el lenguaje del antiguo mercado, donde hombres y mujeres eran esclavizados y puestos a la venta al mejor postor. Pablo explicó cómo Jesucristo entró en el mercado de esclavos y, a través de Su muerte en la cruz, pagó el precio de la redención que nos liberó de nuestra esclavitud al pecado.

Cada uno de estos aspectos del ministerio de Cristo nos ayuda a responder la pregunta de Anselmo: «¿Por qué Dios se hizo hombre?». Cristo vino para traer justificación, propiciar y efectuar la redención.

Pero Pablo mostró otro aspecto: la reconciliación. Pertenece al mundo de las relaciones rotas, del aislamiento.

Este es el lenguaje de nuestros tiempos. Vivimos en un mundo de relaciones rotas. Tenemos individuos y organizaciones en nuestra sociedad cuya única función es sanar la división y lograr la reconciliación.

Aquí tenemos, entonces, otra forma de ayudarnos a entender lo que Jesucristo ha hecho.

EL PROBLEMA FUNDAMENTAL

El aislamiento fue una de las palabras de moda del siglo xx y una idea clave en el comunismo marxista.

Karl Marx sostuvo que un problema fundamental del mundo era el profundo aislamiento entre las clases trabajadoras y los frutos de su trabajo. Él creía que, si pudiéramos liberar al trabajador para que disfrutara de la propiedad de su trabajo, se disiparía un elemento fundamental de los males del mundo. Esto era parte del mensaje central del comunismo.

Marx no contempló lo que se hizo evidente detrás de las cortinas de hierro y bambú: la codicia humana, el orgullo y la lujuria por el poder. Se hizo cada vez más claro en los estados comunistas que existía una corrupción profundamente arraigada. En lugar de traer reconciliación, el comunismo mantuvo la pecaminosidad humana. El aislamiento permaneció.

Con el auge de la psiquiatría y la psicología, sobre todo en sus versiones «pop», nos hemos convertido en una cultura terapéutica: pacientes que necesitan ser sanados en su interior, víctimas que necesitan una mejor imagen de sí mismas. Ahora se considera que nuestro problema más profundo es el aislamiento personal, ya sea de quienes nos rodean o de nosotros mismos. Por lo tanto, muchos terapeutas se dispusieron a lidiar con esos aislamientos como si fueran «enfermedades» sin ninguna dimensión moral, patrones de comportamiento por los cuales el individuo no tiene una responsabilidad moral personal.

Sin embargo, en muchos casos, esto es lo que los filósofos llaman un «error de categoría». Tratan como enfermedad a patrones de comportamiento que pertenecen a la categoría de trastornos morales. No debería sorprendernos que la terapia no pueda resolver los males del mundo. Tampoco debemos esperar que lo haga. La terapia que no toma en cuenta el problema más profundo del hombre, el pecado, nunca podrá resolver el aislamiento más profundo del hombre: su relación rota con Dios.

Una teoría socioeconómica no puede traer reconciliación a escala mundial o individual cuando el problema fundamental es moral. Tratar el comportamiento pecaminoso como un problema médico y prescribir químicos no resolverá el aislamiento que no es causado por una deficiencia química. El problema no es, en última instancia, económico, biológico ni químico.

En 2 Corintios 5, Pablo enfrentó directamente el problema fundamental. Se ocupó del aislamiento principal que da origen a todos los demás aislamientos: el aislamiento entre Dios y el hombre, el hombre y Dios. Su deseo era explicar el remedio divino para ello.

Pero primero debemos considerar por qué esta reconciliación es tan necesaria.

Un diseño distorsionado

Los cristianos ya no viven para sí mismos (2 Cor. 5:15). La implicación es que antes de convertirnos en cristianos, vivíamos de esta manera. Nuestra cosmovisión estaba enfocada en nosotros mismos. El hombre está, en palabras de Martín Lutero: «*incurvatus in se*», volcado sobre sí mismo, obsesionado consigo mismo. Pertenecemos a lo que Christopher Lasch llamó una cultura de narcisismo.[21] Todo esto está en marcado contraste con el diseño divino, que es, como dicen las famosas palabras del Catecismo Menor de Westminster, glorificar a Dios y disfrutarlo por siempre.

Así que estamos seriamente a la deriva. Hemos distorsionado el diseño original de Dios.

A los hombres y mujeres contemporáneos les resulta casi imposible concebir que fueron creados para glorificar y disfrutar a Dios. Quizás sería más exacto decir que la idea misma de vivir para la gloria de Dios parece ser la idea del infierno de muchas personas. Podríamos reescribir las famosas palabras de la obra de Jean-Paul Sartre, *No Exit* [A puerta cerrada]: «el infierno es otra gente». Para muchos, el infierno es la presencia de Dios. Pero vivir para nosotros mismos, eso es el cielo.

¿Es así?

Trágicamente, en lugar de encontrar un profundo y duradero placer en el mundo de Dios, solo encontramos un mayor aislamiento.

El aislamiento de Dios no solo es real, sino también peligroso, y la profundidad de ese aislamiento se evidencia al pensar que no estamos en peligro. Sin embargo, la verdad es que «es necesario que todos comparezcamos ante el tribunal de Cristo, para que cada uno reciba lo que le corresponda, según lo bueno o lo malo que haya hecho mientras vivió en el cuerpo» (2 Cor. 5:10).

Al común de las personas, este análisis le resulta desagradable. Están, en su propia opinión, cerca de Dios. Pero hay pruebas sencillas de este aislamiento. Menciona las palabras «el Señor Jesucristo» y observa su reacción; puede variar de un silencio avergonzado a una discusión violenta. ¿Por qué esta respuesta? El Nuevo Testamento indica que el gran propósito de Dios es que debemos honrar a Su Hijo. Por lo tanto, no honrarlo es, sin duda, estar profundamente alejado de Él.

Entonces, cuando Pablo escribió sobre la necesidad del evangelio de esta manera, dio en el clavo. Si recordarles a las personas que están alejadas de Dios por naturaleza suscita hostilidad, no se necesitan más pruebas de su aislamiento.

Pero Pablo también sabía que el evangelio se adapta perfectamente a la condición humana. Estamos deformados y retorcidos en nuestro alejamiento de Dios. El evangelio nos enseña que Jesucristo vino a reemplazar ese aislamiento con la reconciliación. Pablo utilizó el lenguaje de la reconciliación varias veces en 2 Corintios 5 (vv. 18-21). Era un embajador de Jesucristo con un mensaje maravilloso: Dios estaba en Cristo reconciliando el mundo consigo mismo. Ahora somos llamados a reconciliarnos con Dios, a renunciar a nuestra resistencia y a ceder ante Él.

Esto suena más como un sermón para el mercado en lugar de para la iglesia local en Corinto. Sin embargo, Pablo estaba predicando a los cristianos. Es como si les estuviera diciendo: «Lo que más necesitan escuchar es el evangelio, y el evangelio que necesitan escuchar es el mismo que predico en el mercado». Él entiende que nuestra mayor necesidad, seamos cristianos o no, es responder al evangelio. Entonces, ya sea que esté hablando con incrédulos o con cristianos, no se avergüenza de decirles: «Comprendan esto, respondan a la gracia salvadora de Dios en Cristo, y su vida será transformada».

Pero ¿cómo tiene lugar esta reconciliación?

EL INTERCAMBIO

La reconciliación se nos proporciona en Jesucristo: «En Cristo, Dios estaba reconciliando al mundo consigo mismo» (2 Cor. 5:19). ¿Cómo ocurrió eso? Pablo explicó: «Al que no cometió pecado alguno [Cristo], por nosotros Dios lo trató como pecador, para que en él recibiéramos la justicia de Dios» (v. 21).

Notemos que Pablo no dice que Dios reconcilió el mundo consigo mismo al hacerse carne por nosotros. No somos reconciliados por la Navidad. La encarnación es esencial, pero es solo el comienzo de la historia. Dios reconcilió al mundo consigo mismo al convertir a Jesús en pecado por nosotros.

Estas palabras son el núcleo del evangelio. Describen no solo cómo Dios hizo que Su Hijo sea pecado por nosotros, sino también cómo aquellos que confían en Su Hijo se convierten en la justicia de Dios. En verdad, este es un cambio inesperado, un intercambio misterioso pero maravilloso:

• Jesucristo, que no conoció pecado, se convirtió en pecado por nosotros.

• Nosotros, que no conocíamos la justicia, nos convertimos, en Cristo, en la justicia de Dios.

La palabra para «reconciliación» en el Nuevo Testamento (en griego, *katallagē*) transmite la idea fundamental de «hacer un cambio». Se usaba en el mundo antiguo para intercambiar dinero: le das dinero a alguien y te regresa otra moneda a cambio. Aquí está el corazón del evangelio: en Jesucristo, Dios ha hecho un intercambio único. Él hizo que Cristo sea pecado por nosotros; Él nos imputa la justicia de Cristo.

En los días del Antiguo Testamento, cuando un hombre pecaba, traía un animal al sacerdote como sacrificio. Le colocaba las manos sobre la cabeza y confesaba sus pecados, transfiriéndolos simbólicamente al animal. El animal «se convertía en pecado» para él (aunque no tenía «pecado» propio). Después, se lo ofrecía como sacrificio. Este era un poderoso símbolo del costo del perdón y de la reconciliación con Dios.

Es difícil para nosotros comprender el impacto que tenían estos sacrificios. Sin duda, afectaban profundamente los sentidos de la gente. Los animales se podían ver y tocar. El sonido del animal ejecutado, la visión de la sangre y su olor en el aire seguramente dejaban una impresión indeleble en cualquiera que ofreciera un sacrificio.

Existían grados en estos sacrificios. Una vez al año, había un gran día de sacrificio, Yom Kipur, el día de la expiación, cuando se hacía el sacrificio por los pecados de todas las personas. Levítico 16 describe el elaborado ritual que seguía el sumo sacerdote. Sin embargo, el principio de estos sacrificios era siempre el mismo. Los pecados de la gente se cambiaban por el sacrificio de un animal inocente. El animal era tratado como si fuera responsable de los pecados de la gente; llevaba el juicio de la muerte debido a los pecados de las personas. Las personas, a su vez, eran tratadas a la vista de Dios como si fueran justas.

Una doble agonía

Pablo observó que todo esto se cumplió en la muerte de Cristo en la cruz: «Al que no cometió pecado alguno, por nosotros Dios lo trató como pecador». Cristo aceptó el juicio contra nuestro pecado y nos liberó de su castigo. Dios nos trata ahora no solo como inocentes, sino como realmente justos.

Incluso los detalles del día de la expiación presagiaron la experiencia posterior de Jesús.

Ese día, se seleccionaban dos cabras. Se echaba suertes para seleccionar diferentes roles para cada una de ellas.

Una cabra era asesinada como una ofrenda por el pecado.

El sumo sacerdote ponía sus manos sobre la otra y confesaba los pecados de la gente, los cuales se colocaban sobre la cabeza de la cabra (Lev. 16:21). Después, se la llevaba al desierto, «a tierra árida» (v. 22) y era puesta en libertad para vagar allí sin posibilidad de regresar.

Estas dos cabras proporcionan una imagen vívida de lo que sucedió cuando Jesús fue hecho pecado por nosotros.

Jesús murió por nuestro pecado. Pero hay una dimensión oscura y solitaria en Su experiencia. Durante Su crucifixión, colgó en un desierto entre el cielo y la tierra. Fue rechazado por la humanidad y experimentó una sensación de ser abandonado por Su Padre, forzando en Él un grito conmovedor: «Dios mío, Dios mío, ¿por qué me has desamparado?» (Mat. 27:46). Experimentó tanto el juicio de Dios contra el pecado como la sensación de abandono divino que implicaba. Se convirtió tanto en el sacrificio como en el chivo expiatorio.

¡Oh, amor generoso de Aquel que fue castigado!
En Hombre por el hombre, el enemigo,
La doble agonía en el Hombre
Por el hombre debió sufrir.[22]

Es esencial comprender lo que Pablo enseñó aquí, ya sea que estés al margen de la fe cristiana o que seas creyente: no puedes ganar tu propia salvación. No puedes contribuir nada de ninguna manera. La salvación no se gana con tus logros, tus méritos, tu fe, tu nivel de santificación, tu fidelidad o tu servicio cristiano.

La reconciliación es un regalo gratuito de gracia de principio a fin.

Cristo ya hizo todo lo necesario para cargar con tus pecados y transferirte Su justicia.

Sacrificios inadecuados

Por supuesto, en última instancia, esos sacrificios del Antiguo Testamento no podían quitar los pecados. Eran simplemente imágenes, no más.

La gente lo entendía en los tiempos del Antiguo Testamento. Habiendo ofrecido sus sacrificios en un día, sabían que tendrían que ofrecerse más al día siguiente, y al día siguiente, y en el futuro. Incluso el gran sacrificio del día de la expiación tenía que repetirse año tras año. No hacía falta que se entrenaran en lógica para comprender que ninguno de estos sacrificios quitaba el pecado y la culpa por completo.

Por el contrario, los creyentes del Antiguo Testamento deben de haber visto que el sacrificio de un animal nunca podría ser un pago apropiado, y mucho menos adecuado, por los pecados de un hombre. El único sustituto posible para un hombre pecador era otro hombre.

Los sacrificios de animales señalaban la necesidad de que apareciera alguien que pudiera morir en lugar de los pecadores, pero tenía que ser alguien que no requiriera sacrificio para sí mismo, alguien sin pecado.

Pero ¿dónde podría encontrarse un hombre que fuera tan inocente, tan puro y tan justo que no necesitara morir por sus propios pecados?

Nadie con estas características había vivido, «pues todos han pecado y están privados de la gloria de Dios» (Rom. 3:23).

Entonces Dios resolvió el dilema viniendo Él mismo, en la persona de Su Hijo. Tomó nuestra naturaleza humana en Su encarnación para llevar nuestro pecado en la cruz. En esencia, intercambió lugar con nosotros:

Llevando la vergüenza y soportando las burlas,
En mi lugar de condenación permaneció,
Selló mi perdón con Su sangre:
¡Aleluya! ¡Qué salvador!

Sin embargo, al mismo tiempo, era una persona divina, por lo que Su sacrificio era de valor infinito. Tenía el valor de la persona que lo hizo: el Hijo de Dios. Por lo tanto, no fue simplemente un sacrificio adecuado por los pecados de un solo individuo («ojo por ojo, diente por diente»; Ex. 21:24), sino suficiente para todos los que vienen a Cristo en fe y proclaman: «Tú puedes salvarme; me arrepiento de todo mi pecado que requirió que fueras a la cruz como mi sustituto; creo en ti como mi Salvador y mi Señor».

Es de esta manera que la reconciliación que Jesucristo nos proporcionó se convierte en nuestra. Este es un intercambio verdaderamente glorioso.

LA LIBERACIÓN

La reconciliación a través de Cristo nos libera de la culpa del pecado. Pablo afirma que «en Cristo, Dios estaba reconciliando al mundo consigo mismo, no tomándole en cuenta sus pecados…» (2 Cor. 5:19).

Es posible que nos hayamos encontrado con no cristianos que expresan: «Esto es exactamente lo que he defendido. Ese es el tipo de Dios en el que creo: un Dios que no cuenta los pecados de los hombres. Has mencionado una y otra vez mis pecados, pero tu propia Biblia señala que Dios no los toma en cuenta. Esta es precisamente mi propia convicción. ¿No crees en tu propia Biblia? Aquí está tu gran apóstol Pablo enseñando exactamente lo que yo creo: Dios no toma en cuenta los pecados. ¡Ese es el tipo de Dios en el que creo!».

Pero el incrédulo no está leyendo las palabras de Pablo correctamente.

Pablo declara que Dios no tomó en cuenta los pecados de los hombres contra ellos. Pero sería un error fatal dejarlo así. Necesitamos leer sus palabras con mayor cuidado.

Pablo supone que Dios sí toma en cuenta los pecados de los hombres. Él ya ha dicho que todos debemos comparecer ante el tribunal de Cristo para recibir lo que merecemos por lo que hemos hecho, ya sea bueno o malo (v. 10). Los pecados *serán* tomados en cuenta.

Consideremos también que Pablo declara que Dios estaba haciendo esta reconciliación «en Cristo». Enseña que *Dios no toma en cuenta los pecados contra aquellos que creen en Cristo.*

¿Contra quién, entonces, Dios toma en cuenta los pecados?

Contra Su Hijo, Jesucristo.

Este es el corazón del evangelio. El Hijo de Dios se hizo carne para convertirse en nuestro pecado. Como si fuera un pecador, Cristo, que «no cometió pecado», soportó el juicio de Dios (2 Cor. 5:21). Su justicia —desarrollada en una vida en la que guardó la ley de Dios por nosotros y también a través de una muerte en la que Dios juzgó, condenó y lo entregó al verdugo por nuestro bien— se vuelve nuestra.

La fe declara: «Sí, Dios toma en cuenta mis pecados, pero no en mi contra. Más bien, toma en cuenta mis pecados contra Su Hijo». Cuando extiendo las manos vacías de la fe y me aferro a Jesucristo, en ese mismo momento el sacrificio de Jesucristo se convierte en mío, y en ese mismo momento me libero de la culpa y la esclavitud del pecado.

Una postura legal

La culpa no es solo un sentimiento. No es solo una condición psicológica, aunque puede convertirse en una. Es una situación legal.

Cuando el presidente del jurado en un juicio pronuncia la palabra «culpable», no está comentando sobre los sentimientos del acusado. Pronuncia un veredicto. Establece que el acusado ha sido juzgado por cometer los delitos de los cuales fue acusado. El acusado es culpable y será tratado en consecuencia, sin importar lo que él pueda «sentir». Si la gente se siente culpable no es realmente el problema. Mis sentimientos, o la falta de ellos, no aumentan ni disminuyen mi culpa. Se trata ante todo de una posición personal delante de un Dios santo, no de una condición psicológica.

La maravilla del evangelio es que trata con nuestra culpa objetiva. Entonces comenzamos a apreciar nuestra nueva posición ante Dios. En ese punto, Dios comienza a transformar nuestros sentimientos.

Las historias de cómo se convierten los individuos varían enormemente, pero hay un aspecto que se presenta de forma constante. Es posible que hayan comenzado sin una conciencia evidente de culpa y sin un sentido especial de necesidad de Dios. Cuando se les confrontó un poco, tal vez se hayan defendido, incluso justificado; sin embargo, se sintieron seguros, a salvo.

Pero nadie puede protegerse por completo de los confrontamientos de Dios.

Dios a menudo crea una sensación de inquietud en las personas, que luego las lleva a una conciencia de pecado, y a una sensación más profunda de que son culpables ante Dios. Después las conduce más allá de los simples «sentimientos» de culpa para confesar: «Soy culpable ante Dios». Como proclama el salmista: «Si tú, Señor, tomaras en cuenta los pecados, ¿quién, Señor, sería declarado inocente?» (Sal. 130:3).

Entonces, el Espíritu de Dios nos lleva a la fe en Cristo. Vemos que Él ha tomado el castigo por nuestro pecado. Nuestra culpa es eliminada. Somos perdonados. A medida que comenzamos a comprender mejor el evangelio, el conocimiento de que ya no somos culpables comienza a impregnar nuestro espíritu e influir en nuestros sentimientos. Somos liberados tanto de la culpa del pecado como de la culpa que sentimos en nuestra conciencia debido a ella. Ahora podemos comenzar a vivir en la presencia de Dios. Más allá de eso, Él nos recibe como Sus hijos.

¡Esta es una verdadera terapia espiritual! El Consejero divino no le dice a la persona que siente culpa por el pecado: «No necesitas preocuparte por esto». Sería un consejo desalentador. Esas palabras no tienen poder.

Pero cuando le dices a alguien que se siente culpable: «Eres culpable; realmente eres culpable», entonces también puedes decir: «Sin embargo, existe una forma en la que tu culpa puede tratarse».

Ningún terapeuta ni psiquiatra puede liberarte de la culpa. Ellos pueden ayudarte a resolver los sentimientos de culpa que pueden surgir por una variedad de razones. Los medicamentos recetados pueden proporcionar ciertos tipos de ayuda. Pero ninguna terapia, ningún tipo de medicamento, puede liberarte de la verdadera culpa. ¿Por qué? Porque ser culpable no es una condición médica o un trastorno químico. Es una realidad espiritual. Se trata de tu posición ante Dios. El psiquiatra no puede perdonarte; el terapeuta no puede absolverte; el consejero no puede otorgarte el perdón.

Pero el mensaje del evangelio es este: *Dios* puede perdonarte, y está dispuesto a hacerlo.

Sin embargo, primero debes ser llevado al lugar donde puedas reconocer: «Soy culpable».

¿Tu respuesta es de autojustificación, incluso de ira? *¿Cómo se atreve alguien a decirme que soy culpable?*

¿Esto se aplica incluso si el que te lo dice es Dios?

Hasta que reconozcamos nuestro pecado y nuestra culpa, nunca llegaremos a descubrir que podemos ser perdonados. Pero cuando lo hacemos, el perdón comienza a dar lugar a una conciencia de perdón de manera psicológica, espiritual, mental, e interna. Con eso viene una sensación cada vez mayor de que la esclavitud de la culpa se ha roto. Por fin, somos liberados. Maravilla de maravillas, descubrimos que en el corazón del evangelio se encuentra este hecho: Dios ha tomado nuestra culpa sobre sí mismo en Su Hijo Jesucristo.

Un pacto de gracia

Después del juicio del diluvio, Dios hizo Su pacto con Noé y lo simbolizó con el arco iris en el cielo (Gén. 9:8-17). Los eruditos del Antiguo Testamento han sugerido que el arco iris es un arco de guerra multicolor que Dios arrojó simbólicamente al cielo. Si es así, su flecha mortal apunta hacia el cielo. Cualquier flecha de juicio será disparada directamente al corazón de Dios mismo. Esa era una pista de lo que vendría.

Cuando Dios estableció Su pacto con Abraham, se movió como una luz entre dos líneas paralelas de animales muertos (Gén. 15). Dios le dijo, simbólicamente, a Abraham: «Si me cuesta mi existencia hacer cumplir esta promesa de bendición del pacto, pagaré ese precio».

Ese es el corazón del evangelio. Esa es la razón por la que Dios se hizo hombre. Ese es el significado de la vida y el ministerio de Jesús. Ese es el significado de la cruz. La flecha del juicio de Dios contra nuestro pecado penetró el corazón de Dios mismo en el Calvario. Mientras cumplía Su promesa del pacto, Dios mismo tomó nuestra culpa y su juicio. La cruz declara: «Estoy soportando el castigo de tu culpa, y te liberaré de su esclavitud y de su poder».

Es un momento maravilloso cuando comprendemos esto. Sí, a las personas les toma diferentes períodos de tiempo antes de que esta verdad permee cada parte de sus vidas. Pero esta es la verdad del evangelio: en el momento en que confías en Jesucristo, tus pecados son perdonados y tu culpa es eliminada.

LA TRANSFORMACIÓN

Entonces, la reconciliación es provista en Cristo. Él nos libera de la culpa del pecado. Pero también transforma toda la vida: «Al que no cometió pecado alguno, por nosotros Dios lo trató como pecador, *para que en él recibiéramos la justicia de Dios*» (2 Cor. 5:21, énfasis agregado).

¿Podemos realmente ser justos ante los ojos de Dios? Sí, pero la verdad es aún más notable: en Jesucristo, soy tan justo a la vista de Dios como Jesucristo mismo. ¿Cómo puede ser?

La única justicia con la que soy justo es la justicia de Jesucristo. Es como si me dijera: «Aquí está mi justicia. Póntela; es tuya. Se ajusta a tus necesidades de manera perfecta y completa». Mientras estoy en la presencia de Dios y Él me mira, lo escucho decir: «¿Dónde he visto esa justicia antes? Acércate. La reconozco ahora. Esa es la justicia de mi Hijo. ¡Entra! Eres bienvenido y estás seguro aquí».

Pero eso es solo el comienzo de la transformación. Pablo nos lleva un paso más allá: «Por lo tanto, si alguno está en Cristo, es una nueva creación» (2 Cor. 5:17a); literalmente: «Si alguien en Cristo, nueva creación». Hablando de manera estricta, no te conviertes en una «nueva criatura» (como las versiones anteriores tradujeron). Sigues siendo un ser humano. Pero cuando te conviertes en cristiano, estás unido a Cristo («en Cristo»), y a través de Cristo, la Puerta (Juan 10:9), entras en un nuevo orden de existencia, un mundo completamente nuevo.

Una nueva creación

La nueva vida en Cristo implica más que una transformación individual. Todo sobre la vida se vuelve nuevo. Todo cambia. ¿Por qué? Porque ahora te encuentras en un lugar nuevo. Respiras aire nuevo. Ves todo a través de nuevos ojos. Recibes un nuevo corazón. Eres llevado a una nueva comunidad. Tienes un nuevo propósito. Tienes un nuevo y glorioso destino. Entras en una nueva creación. «¡Lo viejo ha pasado, ha llegado ya lo nuevo!» (2 Cor. 5:17b).

El intercambio en la cruz del Calvario es el intercambio fundamental. Pero también es el comienzo de los intercambios. Como declaró George Wade Robinson:

El cielo es de un azul más suave,
La tierra alrededor es de un verde más dulce,
Algo vívido en cada matiz
Que los ojos sin Cristo nunca han visto.[23]

Esta transformación comienza a obrar en lo más profundo de tu vida. «Así que de ahora en adelante no consideramos a nadie según criterios meramente humanos. Aunque antes conocimos a Cristo de esta manera, ya no lo conocemos así» (2 Cor. 5:16).

Eso es lo primero y más inmediato: tenemos una visión diferente de Jesús porque Él es nuestro Señor y Salvador. Lo amamos. Confiamos en Él. Sentimos Su presencia. Conocemos Su poder. Vemos Su dirección. Vivimos para Su alabanza. Se convierte en nuestro Maestro. Lo viejo se ha ido; lo nuevo ha llegado. Ha habido un intercambio.

Pero hay otra dimensión en este intercambio: una nueva actitud hacia uno mismo: «Y él [Cristo] murió por todos, para que los que viven ya no vivan para sí, sino para el que murió por ellos y fue resucitado» (2 Cor. 5:15). Solías vivir para ti mismo, pero ahora vives para Cristo. Tus deseos y planes son secundarios. La voluntad de Cristo, los deseos de Cristo, la gloria de Cristo, ahora son prioridad.

Pero hay más; mostramos una nueva actitud hacia otras personas: «Así que [notemos que Pablo considera esto como una implicación espiritual y lógica del evangelio], de ahora en adelante no consideramos a nadie según criterios meramente humanos» (2 Cor. 5:16). Consideramos a las personas como si las viéramos a través de los ojos de nuestro Señor Jesucristo. ¡Qué maravilloso!

Considera, por ejemplo, a una señorita que ha llegado a una fe viva en Jesucristo. El intercambio que Cristo ha hecho comienza a producir un cambio en ella. Sus padres quizás no son cristianos. Pero ahora ya no habla de sus padres como los demás. Su disposición hacia su padre y su madre ha cambiado. Comienza a amar a sus padres, a cuidarlos, a orar por ellos.

Esto es asombroso: una adolescente que ora día a día, noche a noche, por su madre y su padre, porque anhela verlos conocer lo que ella conoce de Jesucristo. Esta es una nueva realidad, un mundo completamente nuevo.

Todo esto, enseñó Pablo, proviene de Dios (2 Cor. 5:18). Él da y sigue dando. La evidencia de que hemos recibido Sus dones es que este gran intercambio ha tenido lugar en nuestras vidas.

El día de salvación

Por eso Pablo utiliza el lenguaje de un mercado. Hay un gran sentido de urgencia en su voz: «Así que somos embajadores de Cristo, como si Dios los exhortara a ustedes por medio de nosotros: "En nombre de Cristo les rogamos que se reconcilien con Dios"» (2 Cor. 5:20). En otras palabras: «Ven a Cristo. Confía en Cristo. Entrégate a Cristo. Aléjate de lo viejo por la gracia de Dios y experimenta una nueva vida en Cristo, quien hace que todo sea nuevo».

Quienes hicieron las divisiones del capítulo original en nuestras Biblias parecen haber oscurecido el punto que Pablo está marcando aquí. Segunda Corintios 6:1-2 realmente forma la conclusión de lo que Pablo señala en el capítulo 5: «Nosotros, colaboradores de Dios, les rogamos que no reciban su gracia en vano. Porque él dice: "En el momento propicio te escuché, y en el día de salvación te ayudé". Les digo que este es el momento propicio de Dios; ¡hoy es el día de salvación!».

¿Por qué hay tanta urgencia? Pablo a menudo contempló signos del interés en el evangelio que crea el Espíritu de Dios. Pero también presenció que personas enfrentadas con Jesucristo respondieron: «Lo decidiré más tarde». Muchos hoy hacen lo mismo. Dejan pasar el día de la oportunidad. Más tarde, miran atrás y dicen: «Me pregunto por qué me interesé en ese evangelio cristiano». Entonces sus corazones se endurecen de nuevo.

Es posible que hayas acudido a la iglesia durante años, o tal vez solo hayas estado al margen. Incluso podrías haber pensado que eras cristiano. Quizás nadie dude de que seas cristiano. Pero ha quedado claro para ti que solo has estado siguiendo una fórmula. Incluso puede ser una fórmula evangélica. Pero no es más que una fórmula. Confiar y conocer a Cristo no es una realidad para ti.

Sería lo más fácil del mundo decir: «Si esto es realmente cierto, tendré que pensarlo más seriamente; puede ser otro día». Pero puede ser ahora o nunca.

Quizás este sea «el día». Realmente es ahora o puede que nunca sea. Dios te ha estado hablando. El problema no podría ser más claro para ti de lo que ha sido en los últimos días. Tu mayor necesidad es intercambiar tu pecado y tu culpa por el perdón y la nueva vida. En la cruz, Jesús tomó nuestro pecado y se ofrece como nuestro Salvador. Debes apropiarte de Él mediante la fe y decir: «Señor Jesús, confieso que realmente soy un pecador».

Puedes ser un pecador de 20 años o de 60 años. No hace ninguna diferencia para Él. Simplemente, confiesa: «Señor Jesús, soy un pecador, y sé que necesito tu gracia y tu perdón. Necesito el intercambio que solo tú puedes ofrecerme». Mientras lo haces, Jesús te tomará de la mano y te atraerá hacia Él. Incluso si le dices: «Señor Jesús, realmente no sé si puedo confiar en ti», Él responderá: «Confía en mí, confía en mí». Confía en Él, y descubrirás que toda tu culpa se habrá ido. Habrás atravesado la Puerta hacia una nueva creación por completo.

Algunos experimentan esto repentina y dramáticamente. Otros, de manera lenta y casi imperceptible.

Pero Cristo se ofrece libremente a todos los que vengan a Él y coloquen su confianza en Él.

No lo rechaces cuando te hable en Su Palabra.

El pastor Sibomana tenía razón al expresar asombro por el gran intercambio que tuvo lugar en el Calvario:

Asombrado, me pregunto por qué
Él, quien no pecó,
Murió por alguien tan vil como yo;
¡Mi salvador Él es!

¿Esto te asombra?

¿Puedes clamar con el pastor Sibomana: «¡Mi salvador Él es!»?

5

Ahora todo el deseo de mi corazón
Es permanecer en Él,
Mi Salvador querido, en Él me resguardo.
Mi escudo, mi defensa es Él,
me cubre y protege;
De las flechas de Satanás,
estaré a salvo a Su lado.

Capítulo 5

SEGURIDAD GARANTIZADA

E s difícil esperar que un incrédulo considere asombrosa la gracia de Dios. De manera lamentable, los cristianos, que cantamos sobre la «sublime gracia», a veces perdemos de vista y dejamos de percibir Su gracia. Deja de asombrarnos. En la medida en que esto suceda, perderemos también nuestra confianza en el evangelio de Jesucristo. Necesitamos replantearnos cuán asombrosa es la gracia de Dios.

El himno de E. T. Sibomana, *¡Oh, cómo me asombra la gracia de Dios!*, tiene una estructura inusual. Comienza con una reflexión sobre la forma en que la gracia de Dios nos libera de la esclavitud espiritual: «¡Rompió mis cadenas y me liberó!».

Luego nos anima a cantar sobre el mayor de nuestros privilegios espirituales: ser adoptados en la familia de Dios: «¡Oh, el amor que lo hizo correr para encontrarse con su hijo errante!».

En los siguientes dos versos, somos llevados al corazón y la raíz del evangelio y a la fuente de estas bendiciones espirituales: Jesucristo, nuestro Salvador crucificado y resucitado.

Pero entonces, quizás de manera sorpresiva, llegamos a dos versos que se centran en las pruebas y los juicios de la vida cristiana. Aquí se nos presenta la gracia de Dios en el contexto de una batalla espiritual donde nos encontramos con las «flechas de Satanás» y el «artificio de Satanás». Necesitamos protección:

Mi escudo, mi defensa es Él,
me cubre y protege;
De las flechas de Satanás,
estaré a salvo a Su lado.

Un territorio peligroso

Tan pronto como venimos a Cristo, nos encontramos en un territorio lleno de minas ocultas, siniestros artefactos explosivos plantados por una mano maligna en un intento de destruir nuestra fe cristiana.

Por supuesto, Satanás puede atacar, pero nunca destruir la verdadera fe cristiana, porque somos preservados por la gracia. Por lo tanto, busca destruir nuestro deleite en la gracia de Dios. En esto, lamentablemente, con frecuencia tiene éxito.

Una de las formas en las que lo hace es mediante «las flechas encendidas» con las que ataca al cristiano.

Este lenguaje, por supuesto, se extrae de las palabras de Pablo en Efesios:

Pónganse toda la armadura de Dios para que puedan hacer frente a las artimañas del diablo. Porque nuestra lucha no es contra seres humanos, sino contra poderes, contra autoridades, contra potestades que dominan este mundo de tinieblas, contra fuerzas espirituales malignas en las regiones celestiales. Por lo tanto, pónganse toda la armadura de Dios, para que cuando llegue el día malo puedan resistir hasta el fin con firmeza. Manténganse firmes, ceñidos con el cinturón de la verdad, protegidos por la coraza de justicia, y calzados con la disposición de proclamar el evangelio de la paz. Además de todo esto, tomen el escudo de la fe, con el cual pueden apagar todas las flechas encendidas del maligno. (Ef. 6:11-16)

El cristiano necesita el «escudo de la fe» para protegerse de las flechas de Satanás. La palabra de Pablo aquí para «escudo» (*thureos*) proviene del vocablo griego para una puerta (*thura*). Se refiere al escudo alargado que los soldados romanos llevaban a la batalla para protegerse todo el cuerpo. Tenía más de 121 centímetros de largo y 60 centímetros de ancho.

Estos escudos se utilizaban de diferentes maneras. Una técnica consistía en humedecer los escudos para que las flechas ardientes disparadas contra ellos se apagaran. Los primeros momentos de la película *Gladiador* retratan vívidamente esta escena: flechas con puntas sumergidas en alcohol y disparadas en llamas hacia las fuerzas enemigas crean pánico en sus filas.

Pablo utilizó esta imagen cuando describió la armadura espiritual del cristiano. Claramente, aunque se encontraba tras las rejas, no estaba pensando en el soldado romano que lo vigilaba en la prisión. ¡Los soldados asignados a esa tarea normalmente no llevaban el equivalente de una puerta pequeña! Más bien, Pablo tenía en mente un soldado romano en el campo de batalla, preparado para la acción.

Jesús construye Su iglesia en territorio ocupado por el enemigo (Mat. 16:18). El cristiano vive en un campo de batalla. Está expuesto a los ataques del maligno. Pero el evangelio proporciona una armadura defensiva maravillosa que puede resistir toda la oposición de Satanás.

El «qué» y el «cómo»

Una cosa es que sepamos que Dios mismo es un escudo para Su pueblo (Sal. 3:3; 33:20). Otra cosa es que nosotros sepamos cómo usar «el escudo de la fe» que Dios le da a Su pueblo para protegerse. El conocimiento siempre necesita traducirse en sabiduría. No es suficiente saber las respuestas a las grandes preguntas teológicas que comienzan con «qué»: «¿Qué es esto? ¿Qué es aquello? ¿Qué es verdadero sobre esto? ¿Qué es el escudo de la fe?». Este conocimiento es de poco valor a menos que también nos ayude a responder las preguntas de «Cómo»: «¿Cómo funciona esto en mi vida? ¿Cómo lo uso?».

En este punto, el apóstol Pablo es de gran ayuda. En Romanos 8:28, afirmó que Dios dispone todas las cosas para el bien de los creyentes, ya que hemos sido «llamados de acuerdo con su propósito». Dios tiene un plan invencible. A los que antes conoció, los predestinó. A los que predestinó, los llamó. A los que llamó, los justificó. A los que justificó, los glorificó (vv. 29-30). Este es el plan preciso de Dios. Es inmutable, invencible.

Pero a pesar de que lo sabemos, puede que no haya diferencia en la forma en que vivimos. Hay, como a John Owen le gustaba decir, una diferencia entre el conocimiento de la verdad y el conocimiento del poder de la verdad. Podemos poseer un conocimiento real sobre el carácter de Dios, que Él es un escudo y, sin embargo, no tenemos la confianza en Su protección.

La verdadera pregunta para Pablo, y para nosotros, no es: «¿puede Dios mantener a Su pueblo seguro?», sino: «¿cómo va a mantenerme seguro Dios?». No: «¿sé cuál es el plan de Dios?», sino: «¿qué

diferencia práctica hace en mi vida saber que Dios tiene un plan?».
No: «¿qué sé?», sino: «¿cómo pongo en práctica lo que sé?».
Cuando Pablo pasa de Romanos 8:28-30 a Romanos 8:31-39,
comienza a responder estas preguntas.

Podemos expresar esto de otra manera. Pablo cree que el cristiano
está seguro. Pero ahora hace preguntas más profundas: «¿Qué significa eso para mí cuando siento que todo el infierno se desata en un
asalto contra mi alma? ¿Qué hago entonces? ¿Cómo uso la verdad
que Dios me ha revelado para enfrentar el día malo? ¿Cómo Dios,
en términos prácticos, me mantiene seguro cuando las flechas encendidas de Satanás apuntan hacia mí y se dirigen contra mí?».

Es aquí donde las preguntas formuladas en Romanos 8:31-35 tienen un gran significado.

Pablo comienza por hacer una pregunta de «qué»: «¿Qué diremos
frente a esto?» (v. 31a). Pero a partir de ese momento, todas sus
preguntas emplean el interrogativo personal «quién»:

• Versículo 31b: «¿Quién puede estar en contra nuestra?».
• Versículo 33: «¿Quién acusará a los que Dios ha escogido?».
• Versículo 34a: «¿Quién condenará?».
• Versículo 35a: «¿Quién nos apartará del amor de Cristo?».

Pablo no pregunta: «¿Qué va a proporcionar la oposición a mi per-
severancia en la vida cristiana?». Pregunta: «¿Quién va a hacer esto?».

¿Por qué hace sus preguntas de esta manera?

La respuesta es que Pablo conoce la identidad del «Quién». Continúa al mencionar cuatro de las flechas encendidas más poderosas
que Satanás lanza a los creyentes para destruir su deleite en la gracia
de Dios:

• Primera flecha encendida: Satanás declara: «Dios está en tu contra. No está realmente a tu favor. ¿Cómo puedes creer que Él está a
tu favor cuando observas lo que está sucediendo en tu vida?».

• Segunda flecha encendida: Satanás argumenta: «Tengo acusaciones contra ti, mira tus pecados. ¿Qué puedes decir en tu defensa? Nada».

• Tercera flecha encendida: Satanás insinúa: «Dices que fuiste perdonado, pero se acerca un día de juicio, un día de condenación. ¿Cómo te defenderás entonces?».

• Cuarta flecha encendida: Satanás pregunta: «Dado tu historial, ¿qué esperanza hay de que perseveres hasta el final?».

Estas cuatro flechas encendidas alcanzan sus objetivos en la mente y la conciencia de muchos cristianos. Las preguntas y acusaciones vienen de manera espontánea; se convierten en parte de nuestro pensamiento, emergiendo desde la profundidad de nuestra mente. Muchos cristianos pueden dar testimonio de la inquietud que producen en el corazón. De repente, nuestros pensamientos están en llamas con miedos y dudas; perdemos el control de la paz, la alegría y la seguridad. Perdemos de vista la Palabra del evangelio, que enseña que no hay nada en toda la creación que pueda separarnos del amor de Dios en Jesucristo.

Entonces, cuando Satanás lanza sus flechas contra nosotros, ¿qué debemos hacer?

Escucha a Pablo mientras se enfrenta a su enemigo. ¿Había él también experimentado las heridas causadas por estas cuatro flechas cuando Satanás intentó destruir su fe? Seguramente, porque había mucho en el pasado de Pablo para atacar con culpa y miedo.

¿QUIÉN PUEDE ESTAR EN CONTRA NUESTRA?

Dios ha prometido obrar todo para el bien de Su pueblo. Si Dios está a favor nuestro, se deduce que, en última instancia, nada se nos puede oponer. Es lógico. De lo contrario, Dios no sería Dios. Si algo pudiera levantarse contra Dios y vencerlo, esa otra cosa sería Dios. Dios demostraría ser un dios falso, no el Dios absoluto. Pero, por el contrario, Pablo dice que, en última instancia, nada puede estar en contra de nosotros si Dios está a favor nuestro.

Pero esto plantea la pregunta del millón: «¿Dios está a mi favor?». Aún más precisa es la pregunta personal: «¿Cómo sé que Dios está a mi favor?».

Bueno, ¿lo sabes? ¿Cómo lo sabes?

Satanás es muy insistente sobre esto; de hecho, ha sido insistente en esta pregunta desde el principio. Lo preguntó en el jardín del Edén. Es más, sus primeras palabras registradas son un asalto al buen carácter de Dios (¿alguna vez sabremos cuánto odia a Dios y a Su pueblo?): «¿Te puso Dios en este lujoso jardín y te prohibió comer de alguno de sus árboles? ¿Qué clase de Dios hace eso? ¿Crees que Él realmente está a tu favor si hace ese tipo de cosas?» (ver Gén. 3:1).

Encontrarás que esta insinuación se repite en varias formas a lo largo de tu vida cristiana. Necesitas tener respuestas bíblicas a estas preguntas:

- ¿Cómo sabes que Dios realmente está a tu favor?
- ¿Dónde debes buscar la prueba de que Dios está a tu favor? ¿Miente porque tu vida cristiana ha sido felicidad ininterrumpida? ¿Miente porque tu vida cristiana ha sido completa alegría?

Solo hay una respuesta irrefutable a estas preguntas. No se puede encontrar en nuestras circunstancias. Se encuentra solo en la provisión que Dios ha hecho para nosotros en Jesucristo.

Este es el punto central de la pregunta de Pablo en el versículo 32. Podemos estar seguros de que Dios está a favor nuestro porque es Dios, el Dios de la Biblia, el Dios y Padre de nuestro Señor Jesucristo, que no liberó a Su propio Hijo, sino que lo entregó en la cruz por todos nosotros.

Si esto es cierto, afirma Pablo, podemos estar seguros de que nos dará todo lo que necesitamos.

Esta es la única forma segura de saber que Dios está a nuestro favor.

Con frecuencia, en las páginas finales de los registros de los Evangelios se nos dice que el Señor Jesucristo fue «entregado» (por ejemplo, Mat. 26:15; 27:2, 18, 26). Fue entregado de una persona a otra hasta que finalmente fue entregado por Pilato para ser crucificado como un criminal.

Pero Pablo entendió que detrás de cada «entrega» humana estaba el propósito del Padre celestial. Él «entregó» (es el mismo verbo) a Su propio Hijo para llevar la condena debida por los pecadores.

Aquí está el corazón del plan de Dios y la maravilla del evangelio. El mejor de todos los hombres murió como si fuera el peor de todos los criminales. Esto no es solo un asunto de maldad humana que destruyó a un buen hombre. Es el corazón del propósito de Dios, como Isaías había profetizado mucho antes (Isa. 53:4-6, 10).

Por encima de la entrega del Señor Jesús —por parte de Judas Iscariote, de Herodes, de los sacerdotes, de Poncio Pilato—, se alzaron los propósitos de que Su Padre celestial lo entregara a la cruz para morir en el lugar de los pecadores. Él llevó el juicio y la ira de Dios contra nuestro pecado.

¡Qué amor tan indescriptible!

Una poderosa implicación

Pablo insiste en que los cristianos aprendan a pensar con claridad, a hacer deducciones lógicas del evangelio. Por lo tanto, señala aquí una poderosa implicación práctica de la cruz: Dios puede señalarnos a la cruz y decir:

- «¿Ves cuánto te amo?».

- «Fue preparada para soportar mi juicio contra tu pecado en la persona de mi propio Hijo».
- «Si hice esto por ti, no hay nada que retenga por tu bien».

Nunca entenderás el corazón de Dios hasta que comprendas esto.

Si queremos conocer a Dios y escuchar los latidos de Su corazón por nosotros, debemos percatarnos de que Su Hijo murió en la cruz por nosotros. Es como si Dios mismo nos dijera: «Si quieres conocerme y comprender mi compromiso de salvarte y bendecirte; si deseas estar seguro de los privilegios que tienes y la seguridad que te he brindado; entonces no debes mirar primero las circunstancias de tu vida y concluir: "Las cosas me están yendo bien; entonces Dios debe amarme". No. Debes mirar la cruz y decir: "Mi Dios estuvo dispuesto a dar a Su Hijo por mí. Por eso sé que me ama"».

La única forma en que realmente puedes sentir la seguridad del amor de Dios es comenzando a comprender el significado interno de la muerte de Jesús en la cruz. En lugar de condenarte en el juicio por tu pecado, Dios cargó con el castigo al entregar a Su propio Hijo.

Pablo señaló: «Todo lo considero pérdida por razón del incomparable valor de conocer a Cristo Jesús, mi Señor» (Fil. 3:8). También podemos decir que el Padre celestial estaba preparado para considerar todo como pérdida. Estaba preparado para considerar a Su propio Hijo como pérdida para que pudiéramos conocer Su amor y Su gracia para con nosotros.

Cuando esta flecha encendida se aproxima a Pablo, «¿cómo sabes realmente que Dios te ama?», su respuesta no es: «Merezco ser amado». Tampoco es: «Las cosas van tan bien en mi vida que es obvio que Dios me ama». Por el contrario, él sabe que no merece ser amado. Y, en ocasiones, relató que todo parecía estar en su contra (Rom. 8:35; 1 Cor. 4:10-13; 2 Cor. 4:8-12; 11:23-28). No, Pablo sabe que Dios ha dado a Su Hijo por él (Gál. 2:20). Y si Dios ha dado a Su Hijo por él, no se detendrá ante nada para llevarlo a Su gloria eterna.

«¿Quién puede estar en contra nuestra?». Nadie, ni siquiera Satanás. Ninguna oposición puede resistir el amor y los propósitos de Dios para nosotros.

¿QUIÉN PRESENTARÁ CARGOS?

Si el escudo contra la primera flecha encendida de Satanás es el regalo de Dios de Su Hijo, ¿cuál es nuestra defensa contra las acusaciones que parecen coincidir con la culpa que sentimos?

A Satanás se lo llama específicamente «el acusador de nuestros hermanos» (Apoc. 12:10). Cuando emplea esta flecha, acusa a los creyentes de culpa y pecado, y afirma que puede condenarlos en presencia de Dios.

Zacarías nos da una poderosa ilustración de esto. Él observó a Josué, el sumo sacerdote, parado delante de Dios. Su ropa estaba sucia, y la suciedad representaba su «culpa» (Zac. 3:4). A su lado se encontraba Satanás (v. 1), acusándolo: «Míralo. Observa a Josué cubierto de la inmundicia de su pecado. No es apto para la presencia de Dios».

Satanás es lo suficientemente sutil como para usar incluso la santa ley de Dios para acusarnos de pecado. Agita el pecado restante en nuestros corazones, y luego, una vez que somos conscientes de su presencia, comienza a acusarnos sin piedad.

Él trae una tentación repentina a nuestras mentes, tal vez de mal gusto; incluso, a veces, pensamientos blasfemos. Satanás tiene mucho con qué acusarnos. «Esas cosas no tienen lugar en la mente de un creyente cristiano —exclama—. ¿Cómo puedes ser de Cristo?».

La obra maestra de Juan Bunyan, *El progreso del peregrino*, ofrece una descripción vívida de esto: «Una cosa no puedo olvidar. Me percaté de que ahora el pobre Cristiano estaba tan confundido que no conocía su propia voz».

¿Qué significa que «no conocía su propia voz?». Bunyan explicó:

Y así lo percibí [esto es lo que vio] justo cuando se acercó a la boca del pozo en llamas [aquí viene la flecha encendida]: Uno de los malvados se colocó detrás de él y se le acercó suavemente, y le susurró en voz alta muchas blasfemias graves, que realmente pensó que habían salido de su propia mente. Esto confundió a Cristiano más que cualquier cosa con la que se había encontrado antes, incluso llegó a pensar que ahora debería blasfemar contra aquel que tanto había amado; sin embargo, si pudiera haber ayudado, no lo habría hecho. Pero no tenía la discreción ni para detener sus oídos, ni para saber de dónde venían esas blasfemias.[24]

¿Blasfemias? ¿En la mente de un cristiano? Sí. De hecho, la descripción en la alegoría de Bunyan es paralela a su testimonio personal en su autobiografía, *Gracia abundante para el mayor de los pecadores*. Durante todo un año, mientras escuchaba el evangelio, su mente se inundó de blasfemias.[25] Sí, blasfemias. Esos son los extremos a los que recurrirá Satanás.

Carlos H. Spurgeon, el gran predicador bautista del siglo xix, tuvo una experiencia similar, aunque nunca había escuchado a nadie blasfemar contra Cristo.

Entonces no estás solo si has experimentado algo así. De hecho, muchos cristianos han sido oprimidos por Satanás de esta manera, y paralizados espiritualmente porque han sentido que ningún otro creyente podría haber experimentado esto. Después de todo, temen no ser creyentes, y se hunden en la desesperación.

¿De dónde proviene esto? Viene del pozo del infierno. El pobre peregrino de Bunyan desconocía al principio los artificios y las flechas de Satanás. Pensó que todo venía de sí mismo y que, por lo tanto, no podía ser cristiano.

Muchos creyentes que han experimentado esto no tienen idea de dónde proviene. Comparten la conclusión del peregrino: «Debo ser condenado al infierno si hay este tipo de blasfemias en mi mente contra Jesucristo».

El peregrino fue incapaz de discernir la diferencia entre las impresiones que se estaban haciendo en su mente por fuerzas espirituales externas y el deseo permanente del nuevo corazón que se le había dado para vivir y amar a Jesucristo. Pero la verdad era que «uno de los malvados se colocó detrás de él, y se acercó suavemente a él, y le sugirió en voz alta muchas blasfemias graves, que realmente pensó que habían salido de su propia mente».[26]

Una defensa confiable

¿Qué harás si te sucede algo parecido? ¿Adónde acudirás? ¿A quién puedes recurrir? ¿A qué apelarás?

¿Puedes apelar a que eres un cristiano maduro o a la calidad de tu servicio cristiano? ¿Puedes apelar a tu condición espiritual y decir: «Sé que generalmente soy mejor que esto»? Estas no son defensas seguras contra esta flecha encendida del diablo.

Aquí, como en otros lugares, podemos aprender al sentarnos a los pies de los maestros de la vida espiritual. Martín Lutero, que sabía una o dos cosas sobre estos ataques, enfatizó la necesidad de ver que el evangelio que nos salva está fuera de nosotros. No somos considerados justos ante los ojos de Dios ni por regeneración ni por santificación. El hecho de que hayamos nacido de nuevo no nos justifica. Nos da un nuevo corazón, pero en sí mismo no proporciona el perdón de los pecados. No, el evangelio que nos salva está completamente fuera de nosotros. Es Jesucristo, encarnado, crucificado por nuestros pecados, resucitado para nuestra justificación, quien nos salva.

La expiación a través de la que nos mantenemos en una relación de justificación para siempre con Dios no es un cambio en nuestros corazones ni un sentimiento nuevo. Podemos tener todo tipo de sentimientos como resultado de la justificación, pero la justificación se basa en lo que Dios ha hecho por nosotros en Jesús.

John Newton, quizás el pastor más sabio de la Inglaterra del siglo XVIII, entendió bien esta experiencia desgarradora. Escribió sobre ser «aplastado por la carga de pecado, por Satanás fuertemente presionado...». Luego describió lo que hizo en esas circunstancias opresivas: «Puedo enfrentar a mi acusador y decirle...».

Déjame hacer una pausa para preguntar: ¿qué le dirías? No debes argumentar: «He sido un cristiano mejor que el promedio» o «tomé una decisión por Cristo hace 20 años». Estas son débiles defensas contra las flechas encendidas del diablo. Él puede penetrar fácilmente una armadura tan inadecuada.

Entonces, ¿qué debes decirle? Aquí está el consejo de Newton:

Sé tú mi escudo y mi escondite,
Que me refugie cerca de ti,
Para poder enfrentar a mi feroz acusador
y decirle que has muerto.[27]

Satanás no tiene un arma que pueda penetrar esta «coraza de justicia». Si le dices que Cristo murió por ti y llevó el juicio de Dios contra tu pecado, será derrotado. Incluso cuando él pone en tu mente pensamientos que odias, pero de los cuales no puedes liberarte, sus siniestras acusaciones no tienen poder para estropear la perfección de la expiación de Jesucristo por tu pecado.

Tu salvación no descansa en lo que has hecho, sino en lo que Cristo ha hecho. Por lo tanto, puedes estar seguro de ello, no importa cuán débil sea la fe con la que te aferras a Cristo, ni cuán fuertes sean los ataques y las acusaciones de Satanás.

Salvado por Cristo a través de la fe

Recuerda que no eres salvado por el aumento de tu santidad, por muy deseable que esto sea. De hecho, si bien a menudo decimos que somos «salvos por fe» o por «fe en Cristo», como Benjamin B. Warfield comenta certeramente, ni siquiera es la fe en Cristo lo que nos salva. Es Cristo el que nos salva, a través de la fe.[28] Tu fe es pobre y débil, como lo es tu servicio espiritual. Solo Jesucristo está calificado y puede salvarte por lo que ha hecho. Aferrarte a cualquier otra cosa es como depender de basura flotante en medio de un mar peligroso. Te hundirás bajo las olas. Si alguna vez experimentas algo como el ataque satánico que sufrió Bunyan, estarás perdido. Pero si te aferras a Cristo Jesús y a Su justicia, nada puede hundirte.

Cuando comprendes esto, comienzas a darte cuenta de por qué y cómo puedes vivir frente a ataques demoníacos como estos. No quedas abandonado a tus propios recursos o cualidades espirituales. Puedes descansar exclusivamente en lo que Jesucristo ha hecho por ti. Porque lo que ha hecho por ti es absolutamente perfecto.

Lo que Cristo está haciendo en ti todavía está incompleto. Pero en lo que Jesucristo ha hecho por nosotros no existe una sola grieta en la que puedan penetrar las flechas satánicas. Jesucristo es tu escudo.

Puedes decir, junto con David, «El Señor […] mi libertador; es mi Dios […]. Es mi escudo, el poder que me salva, ¡mi más alto escondite! Invoco al Señor que es digno de alabanza, y quedo a salvo de mis enemigos» (Sal. 18:2-3).

Como el Pastor Sibomana nos enseña a cantar: «Mi escudo, mi defensa es Él».

Aquí está nuestro refugio: en Cristo, somos tan justos ante Dios como Jesucristo, porque la única justicia que tenemos ante Dios es la justicia de Jesucristo, a la que no contribuimos en nada.

La fe no aporta nada a esa justicia. Los años que hemos vivido la vida cristiana no contribuyen en nada a esa justicia. Así mismo, nuestros pecados no pueden disminuir esa justicia.

¿No es eso algo peligroso de decir? Lo sería si se distorsionara. Pero la verdad es que ningún otro tipo de justicia puede justificarnos.

Pero debido a que esta es la justicia por la que somos justificados, Pablo puede decir: «¿Quién acusará a los que Dios ha escogido?» (v. 33).

La respuesta, por supuesto, es *nadie* y, especialmente, no el maligno.

¿QUIÉN PUEDE CONDENARNOS?

La tercera flecha encendida de Satanás es su sugerencia de que, a pesar de nuestra experiencia de perdón como cristianos, algún día enfrentaremos la condena. ¿Cómo debemos defendernos contra esta flecha encendida?

¿Cuál es la diferencia entre acusación y condena? La condena se produce cuando una acusación contra nosotros demuestra estar bien fundamentada. Como hemos visto, Satanás acusa constantemente a los creyentes. Aunque no tiene poder para condenarlos —«Por lo tanto, ya no hay ninguna condenación para los que están unidos a Cristo Jesús» (Rom. 8:1)—, su objetivo es hacer que te sientas condenado.

Si Satanás me acusa y respondo: «Tienes razón. Miro dentro de mi corazón y veo mi pecaminosidad. No tengo cabida en la presencia de Dios», entonces sus palabras de condena me abrumarán y perderé mi deleite en la gracia de Dios.

La verdad es que, en mí mismo, estoy condenado, porque sigo siendo un pecador. Es por eso que a veces escuchamos por error a Satanás, y estamos tentados a creerle en lugar de creerle a Dios. Cometemos el error de escuchar sus acusaciones basadas en nuestro continuo pecado. Perdemos de vista la justicia de Cristo. Habiendo sido acusados y olvidando que nuestra única justicia está en Cristo, nos sentimos condenados.

Por eso es tan importante afirmar nuestra mente y nuestro corazón en el evangelio que está fuera de nosotros, en la justicia que está en Cristo que se hace nuestra por la fe en Él.

Pablo pregunta: «¿Quién condenará?» (v. 34a). Bueno, Satanás ciertamente busca condenar. Pero Pablo responde: «Cristo Jesús es el que murió, e incluso resucitó, y está a la derecha de Dios e intercede por nosotros» (v. 34b).

Piensa en Simón Pedro. Él pecó. Negó a su Señor. Aislado de Jesús y los otros discípulos, seguramente anhelaba un escondite. ¡Qué flechas encendidas debieron haber penetrado en su conciencia en esa oscura noche en Jerusalén! Qué pensamientos de autocondenación deben de haber inundado su mente: «No tuve el valor de defender a mi Señor, y ahora va a ser crucificado. No hay nada que pueda hacer al respecto. No hay vuelta atrás para mí. Mi situación es desesperanzadora. Estoy perdido».

Esa es una experiencia desoladora. Pero a veces los verdaderos creyentes piensan igual.

¿Hacia dónde mirarás cuando no haya vuelta atrás para ti? La respuesta de Pablo es exactamente la misma que la de Pedro: «Cristo Jesús es el que murió, e incluso resucitó, y está a la derecha de Dios e intercede por nosotros».

Inmediatamente después de que Pedro negara a su Señor por tercera vez, Jesús se volvió y lo miró, y «Pedro se acordó de lo que el Señor le había dicho» (Luc. 22:61). ¿Serían estas palabras: «Simón, Simón, mira que Satanás ha pedido zarandearlos a ustedes como si fueran trigo. Pero yo he orado por ti, para que no falle tu fe. Y tú, cuando te hayas vuelto a mí, fortalece a tus hermanos» (Luc. 22:31-32)?

El sacrificio de Cristo por nuestros pecados se terminó en Su muerte en la cruz. Pero Su ministerio no cesó ahí, o cuando resucitó de la tumba, o incluso cuando ascendió a la diestra del Padre. No, el ministerio de Jesús continúa incluso ahora. Él está presentándose ante el Padre en nuestro nombre. Está intercediendo por nosotros.

Qué alivio es saber esto cuando has hecho un desastre, cuando sientes las acusaciones de Satanás y te condenas. Te da vergüenza ir a la presencia de Dios. Vas a la iglesia y miras a tu alrededor, creyendo que eres un hipócrita. Te sientes fracasado; de hecho, has fallado. Recuerda, entonces, que Jesús está a la diestra del Padre. Recuerda que está allí por tu bien. Él murió por ti una vez; intercede por ti para siempre.

Tengo ante el trono celestial,
Un poderoso defensor,
Un sacerdote eternal,

Que por mí aboga con amor.
Mi nombre ya grabado está,
Sobre Su mano y corazón,
Y mientras Cristo allí está,
Seguro estoy de Su perdón.
Seguro estoy de Su perdón.

Al ser tentado a decaer,
Y ver el mal que hay en mí,
Mis ojos alzo hacia Aquel,
Que eliminó mi culpa vil.
Cuando el perfecto Salvador,
Se entregó en mi lugar,
El justo Dios lo castigó,
Y así me pudo perdonar.
Y así me pudo perdonar.

Ved al Cordero, vivo hoy,
Que con justicia me vistió,
El inmutable gran Yo Soy,
El Rey de gracia, el Redentor.
En Él jamás morir podré,
Pues con Su sangre me compró,
Y escondido estoy en Él,
En Cristo, Dios, mi Salvador.
En Cristo, Dios, mi Salvador.[29]

Cuando los dardos de condenación de Satanás te depriman, nunca olvides: Dios nunca te ve como Su hijo sin antes mirarte a través del Hijo —¡Su Hijo!—, que intercede por ti.

¿QUIÉN PUEDE APARTARNOS?

El cuarto dardo de Satanás provoca la última pregunta de Pablo: «¿Quién nos apartará del amor de Cristo?» (v. 35). Sí, hay oposición, pero no prevalecerá. Sí, hay acusación, pero no traerá condena. Pero ¿existe la posibilidad de separación?

En las respuestas de Pablo a las otras preguntas, él realmente dice: «Ahora, detente y pensemos en esto».

Pero aquí, Pablo no ofrece argumentos. Ha proporcionado suficientes argumentos, lógica y debate. No necesita más. Simplemente plantea la pregunta y responde con contra preguntas que muestran que solo hay una respuesta posible. Mientras saquea el universo en busca de posibles presiones, oposición, incluso catástrofes, simplemente pregunta: «¿Puede esto, o esto, o esto, o esto, alguna vez separarnos del amor de Dios en Cristo Jesús nuestro Señor?».

La respuesta de Pablo nos lleva de regreso al comienzo del pasaje y nos señala el propósito de Dios para nosotros en Cristo y la certeza absoluta de su cumplimiento: «A los que predestinó, también los llamó; a los que llamó, también los justificó; y a los que justificó, también los glorificó» (v. 30).

Dios no será frustrado en Su objetivo de conformarnos a la semejanza de Su Hijo, para que Él sea el primogénito entre muchos hermanos. Un día nos presentaremos delante de Él y le diremos: «Padre, ¿cuál era el significado de esta oscuridad? ¿Qué significaba esta prueba? ¿Cuál era el significado de estas experiencias que casi me destruyeron?». Su respuesta será mostrarnos, tal vez con sorprendente detalle, que eran los instrumentos que estaba usando para moldearnos y prepararnos para la gloria del cielo. Además, veremos que todo lo que necesitábamos para superarlos lo encontramos en Jesucristo.

Un blasón en nuestro escudo

Entonces, Pablo habla de cuatro tipos de ataque. ¿Quién está en contra nuestra? ¿Quién nos acusará? ¿Quién puede condenarnos? ¿Quién nos puede separar? Contra todas y cada una de las flechas encendidas del maligno, el escudo de la fe en Cristo, Cristo mismo, es nuestra defensa.

Los escudos a menudo tienen símbolos (blasones) estampados. ¿Qué blasón podría estar grabado en el escudo de la fe?

Miremos más de cerca. Encontraremos en el centro una cruz y, en cada uno de los cuadrantes que crea el escudo, un símbolo.

En el primero, está la colina del Calvario, donde Dios demostró que Él está a nuestro favor.

En el segundo, está la justificación de los impíos, lo que prueba que ninguna acusación contra nosotros prevalecerá.

En el tercero, está el Señor Jesucristo intercediendo, para asegurarnos que nunca podremos ser condenados.

En el cuarto, está el amor indestructible de Dios que nos convence de que nada podrá separarnos de Jesucristo nuestro Señor.

Cuando viniste por primera vez en fe a Jesucristo, realmente no tenías idea de en qué te estabas metiendo, ¿verdad? Tal vez, como creyente, la vida ha sido a veces casi abrumadoramente difícil para ti, por lo que hay mucho en las palabras de Pablo que resuena en tu experiencia. Es asombroso pensar que incluso antes de experimentar estas cosas, el Señor había provisto todo lo que necesitarías para llevarte a la gloria.

Esto es lo que hace que la gracia sea «sublime».

Si este es el mundo al que hemos sido traídos, entonces cualquier gracia que sea menos que asombrosa no será suficiente para ayudarnos. Pero la gracia de Dios en Jesucristo es realmente sorprendente y se adapta perfectamente a nuestras necesidades. Su gracia nos ayudará.

Quizás estés afuera de todo esto. Incluso puedes temer en secreto a la idea de admitir tu necesidad de un Salvador, de pertenecer a Cristo, de alejarte del pecado, de abandonar la vieja manera de vivir y rendirte a Su señorío.

Sin embargo, a pesar de tu temor, sabes que esta es la verdad. Intentaste ignorarla y negarla, pero ya no puedes. Hay una batalla en tu corazón. ¿Te alejarás? ¿O entrarás en el reino de Cristo?

Extiende tus manos en fe a Jesucristo, y Él te traerá. Te perdonará y te mantendrá en marcha. Y te llevará a casa. Entonces sabrás completa y finalmente que nada puede separarte del amor de Dios en Cristo Jesús tu Señor.

Y comenzarás a cantar:

«¡Oh, cómo me asombra la gracia de Dios!».

6

Señor Jesús, escucha mi oración,
Tu gracia imparte;
Cuando surjan pensamientos malvados
Por artificio de Satanás,
¡Oh, ahuyéntalos todos!
Y tú, día a día, mantenme bajo tu dominio,
Rey de mi corazón.

Capítulo 6

LIBRADOS DEL MAL

¿Existe algún libro en el Antiguo Testamento —de hecho, en toda la Biblia— que analice las estrategias de Satanás con mayor detalle que Job? Job experimentó toda la fuerza de las estrategias de Satanás, empleadas contra él y su familia. Múltiples desastres lo azotaron. Luego se vio involucrado en una serie de diálogos con varios amigos que fueron a consolarlo en su sufrimiento, pero lentamente comenzaron a criticarlo. Emplearon una fórmula teológica simple: el sufrimiento es el resultado específico del pecado. Job sufrió gravemente. Por lo tanto, Job debe haber pecado de alguna manera específica.

Sin embargo, Job se negó obstinadamente a aceptar que esta fuera la verdadera explicación. No cedió ante los argumentos de sus amigos.

Uno de estos amigos, Bildad, pronunció un discurso elocuente sobre Job y su necesidad, registrado en Job 8. Bildad declaró: «Dios no rechaza a quien es íntegro, ni brinda su apoyo a quien hace el mal» (Job 8:20).

La respuesta de Job se encuentra en los capítulos 9 y 10. Es larga, pero vale la pena leerla a detalle, ya que ilustra las estrategias de Satanás, y la defensa contra ellas.

De «Flechas» a «Artificio»

Estamos rastreando las maravillas de la gracia de Dios por medio de los temas del himno de E. T. Sibomana, *¡Oh, cómo me asombra la gracia de Dios!*

Anteriormente, notamos que una de las características más inusuales de este himno sobre la gracia es que dos de los siete versos se enfocan en los poderes del mal y la siniestra oscuridad que los cristianos encuentran en su peregrinación. Mientras que los versos tres y cuatro están dedicados a la persona y la obra del Señor Jesucristo, los versos cinco y seis implican una reflexión sobre la persona y la obra de Satanás.

En el capítulo anterior, consideramos las «flechas de Satanás». Vimos cómo el evangelio de Jesucristo nos brinda una protección contra «las flechas encendidas del maligno» (Ef. 6:16), con las que él busca distorsionar y destruir nuestro gozo cristiano.

Satanás finalmente no puede destruir a un creyente, pero es capaz de destruir nuestra seguridad y nuestra alegría, nuestro placer en el evangelio. Así que necesitamos encontrar en la gracia de Dios una defensa contra esas flechas encendidas del maligno.

Pero el siguiente verso del himno habla sobre el «artificio de Satanás»: «... Cuando surjan pensamientos malvados, por artificio de Satanás...».

¿Qué es el «artificio de Satanás»?

El «artificio de Satanás» es su habilidad para producir pensamientos siniestros en la mente del creyente.

Con esto no me refiero a lo que la Biblia considera como las obras de la carne o la lujuria de los ojos. Satanás, por supuesto, trabaja a través de la «puerta del ojo» y la «puerta de la pasión» para producir malos pensamientos y engañar a los creyentes, como lo hizo en el pecado de David con Betsabé. Pero, en última instancia, los pensamientos más siniestros que Satanás insinúa en nuestra mente no son tentaciones al pecado, sino sospechas sobre Dios mismo. Él siempre intenta que cambiemos «la verdad de Dios por la mentira» (Rom. 1:25).

Aquí es donde el libro de Job puede sernos útil. La respuesta de dos capítulos de Job a Bildad es a la vez magnífica y terrible. En parte, expresa gloriosas verdades sobre Dios, pero también anuncia el comienzo de malos pensamientos sobre Dios que Satanás había inyectado en la mente y el espíritu de Job.

Como una barra lateral, la inspiración y la inerrancia de la Escritura no deberían conducirnos a pensar que cada declaración en la Biblia es verdadera en un sentido abstracto solo porque es parte de la Palabra de Dios. Las Escrituras, como la Palabra inerrante de Dios, registran infaliblemente las mentiras, falsedades y medias verdades pronunciadas por hombres y mujeres. Aislar esas declaraciones y argumentar que deben ser verdaderas en un sentido absoluto porque están en la Biblia sería malinterpretar las Escrituras y leer la Biblia erróneamente, como si fuera una colección de axiomas aislados.

De hecho, es un registro del compromiso de Dios con hombres y mujeres en todas sus actitudes, pensamientos y palabras caídas, distorsionadas, confundidas y a menudo rebeldes sobre Él.

Job: el drama

El libro de Job, por supuesto, es un drama maravilloso ambientado en el antiguo Cercano Oriente, probablemente en la época de los patriarcas.

Es común hablar de «los sufrimientos de Job». Pero desde el principio del libro se nos da la explicación de esos sufrimientos. Como resultado, como suele ser el caso en las Escrituras, el lector sabe mucho más sobre lo que realmente está sucediendo que aquellos que están involucrados.

Job sufre intensamente. Tres amigos, más tarde un cuarto —los famosos «consoladores de Job»—, acuden a él. Si algo hay que reconocerles es que se sientan con él durante una semana entera y no dicen absolutamente nada. Comparten su pérdida; están aturdidos en silencio por la profundidad de su sufrimiento.

Lentamente, abren un diálogo sobre el significado de su sufrimiento. Es entonces cuando las chispas comienzan a saltar.

Piensa en el libro de Job como un drama en un teatro. Antes de que se levante el telón, se produce un doble prólogo para que lo observemos. Estas escenas retratan a Satanás, el enemigo de Dios y, por lo tanto, del hombre, llegando a la presencia de Dios y debatiendo si se puede confiar, amar y obedecer a Dios simplemente porque Él es Dios. Satanás señala a la tierra y le dice a Dios: «No se puede confiar en ti, amarte y obedecerte simplemente por lo que eres. Cualquiera que parezca hacerlo, lo hace solo por lo que cree que le darás a cambio».

Dios responde: «¿Ves a mi siervo Job? Hay un hombre que confía en mí, me ama y me obedece. Él me conoce y comprende. Puedes hacerle cualquier cosa menos dañar a su persona. Toma de él todo lo que tiene y seguirá confiando en mí» (ver Job 1:6-12).

En una serie de tragedias espantosas, Satanás le quita casi todo a Job. Destruye sus posesiones y la mayor parte de su familia. Sin embargo, Job continúa confiando en su Dios (ver 1:13-22).

Satanás regresa a la corte celestial y le dice al Señor: «Un hombre puede perder muchas cosas, pero mientras tenga su salud y fortaleza, se aferrará a un rayo de esperanza y confiará en ti» (ver 2:4-5)

Dios responde: «Bueno, creo que mi gloria y honor se sostendrán en la vida de este hombre. Puedes hacer lo que quieras con él excepto matarlo, pero este hombre seguirá confiando en mí» (ver 2:6). Así que se presenta otra escena preliminar antes de que se abra el telón. A Satanás se le permite tocar la salud de Job, y lo hace:

Dicho esto, Satanás se retiró de la presencia del Señor para afligir a Job con dolorosas llagas desde la planta del pie hasta la coronilla. Y Job, sentado en medio de las cenizas, tomó un pedazo de teja para rascarse constantemente.

Su esposa le reprochó:

—¿Todavía mantienes firme tu integridad? ¡Maldice a Dios y muérete!

Job le respondió:

—Mujer, hablas como una necia. Si de Dios sabemos recibir lo bueno, ¿no sabremos recibir también lo malo?

A pesar de todo esto, Job no pecó ni de palabra. (Job 2:7-10)

Las preguntas que se debaten en la corte del cielo son las siguientes: «¿Job honrará a Dios y Su gloria? ¿Confiará en Él, lo amará y lo servirá por ser quien es? ¿O cederá ante el sufrimiento?».

Por el contrario, lo único que los amigos de Job observan es que está sufriendo intensamente. No saben que Satanás está celoso de la gloria y el honor de Dios. Tampoco tienen la sensación de que detrás de las tragedias en la vida de Job hay una competencia de vida o muerte sobre la gloria y el honor de Dios, y si Su pueblo confiará o no en Él de manera absoluta.

Lo único que pueden ver es el dolor de Job. Lo único que pueden hacer es tratar de ayudarlo a comprender por qué está sufriendo.

Entonces, el resto del drama sigue una serie de diálogos entre tres de estos amigos y Job. Después aparece un hombre más joven, Eliú, y dialoga con Job. Por último, Dios mismo sube al escenario y se dirige a Job directamente. Hacia el final del drama, a través de la revelación de Dios de sí mismo, Job se encuentra postrado en adoración ante Dios. Cuando finalmente cae el telón, Job se deleita en las riquezas que Dios le ha devuelto.

Una comprensión limitada

La pregunta que nosotros, los lectores de Job, debemos hacer al reflexionar sobre estos magníficos discursos es: «¿Descubrirá Job lo que ya sabemos?».

Sabemos que está sufriendo porque Dios va a glorificar Su honor en él. Sabemos que está sufriendo porque confía en Dios, no porque haya pecado. Sabemos que está sufriendo porque es víctima de la embestida de Satanás.

Pero lo único que Job sabe es que está sufriendo. No sabe por qué.

¿Podrá Job alguna vez, en algún momento de estos discursos y soliloquios, penetrar el velo que nubla su comprensión? ¿Se dará cuenta alguna vez de que está experimentando simultáneamente la actividad más maliciosa del maligno para destruir su deleite en Dios y la gracia sustentadora de Dios para resistir un ataque cuyo propósito no puede entender? ¿O nunca lo descubrirá?

Estas son las preguntas.

Job 9 y 10 contienen palabras desgarradoras. Job estaba en el punto más bajo de su experiencia insoportable. Había sido oprimido, en lugar de ayudado, por el argumento lógico de sus amigos, que era el siguiente:

Premisa mayor: Todo sufrimiento es resultado del pecado y un juicio sobre él.
Premisa menor: Job está sufriendo.
Conclusión: Por lo tanto, Job ha pecado.

Eso es lo que los lógicos llaman un silogismo, un argumento desarrollado lógicamente.

Job argumenta lo contrario:

Premisa mayor: Estoy sufriendo.

Premisa menor: Pero no he pecado de manera específica, como insisten mis «amigos».

Conclusión: Por lo tanto, la explicación de mi sufrimiento no es mi pecado, aunque no sé por qué estoy sufriendo o cuál puede ser el significado de mi padecimiento.

Escucha a Job mientras recorremos lo que declara en los capítulos 9 y 10.

Job 9

En el capítulo 9, Job lucha con una gran pregunta:

• En los versículos 1-13, pregunta, en esencia: «¿Cómo puedo defender mi causa ante Dios? ¿Cómo puedo argumentar que soy inocente ante Dios porque, después de todo, Él es Dios? Nunca podría discutir con Él y tener éxito».

• En los versículos 14-20: «Incluso si se me permite argumentar, como en una sala del tribunal, ¿cómo podría resistir la fuerza de Su interrogatorio? Dios me expondría. Su lógica sería demasiado poderosa para mí. No podría soportar la presión incesante de Su interrogatorio».

• En los versículos 21-24: «¿Cómo podría marcar una diferencia algo que digo?».

• Al final del capítulo, va más allá: «¿Cómo podría algo marcar alguna diferencia?».

Su lucha interna es: «¿Cómo puedo debatir este tema con Dios? ¿Cómo puedo exigirle una explicación de lo que estoy experimentando? Parece completamente inútil».

Sin embargo, Job declara: «Yo hablaría sin temor si supiera que hay alguien que se ponga de mi lado en la sala del tribunal. Pero tal como está la situación, no puedo. Mi situación es desesperanzadora» (ver 9:35).

Job 10

Sin embargo, como suele suceder en tiempos de confusión personal, Job continúa haciendo lo que dijo que sería inútil en primer lugar. Después de haber preguntado, en el capítulo 9, «¿Cómo podría defender mi causa ante Dios?», expresa lo que le diría a Dios si pudiera defender su causa ante Él. Entonces, en realidad termina diciéndole a Dios lo que está pensando (10:3-7).

Las palabras que siguen se encuentran entre las más conmovedoras del libro, si no de todo el Antiguo Testamento. Aquí hay un hombre que busca ser fiel a Dios cuando no puede entenderlo, y cuando sus amigos (y el enemigo que está detrás de ellos) tuercen el cuchillo de su sufrimiento en su alma y ponen en peligro su confianza en la bondad de Dios.

En el capítulo 10, Job le hace a Dios un aluvión de preguntas:

• Versículo 3: «¿Qué me estás haciendo? ¿Por qué me estás haciendo esto? ¿Te complace oprimirme?».

• Versículo 4: «¿Ves solo con ojos humanos? ¿Tienes ojos de carne? ¿No puedes ver dentro de mí para saber lo que me está pasando?».

• Versículos 5-7: «¿Tienes poco tiempo de vida? ¿Es por eso que tienes que tratarme así, como si fueras a morir pronto? ¿Son tus años como los de un hombre, que debes buscar mis pensamientos e investigar mi pecado?».

• Versículos 8-12: «¿Por qué? ¿Por qué, cuando me diste aparentes indicativos de tu bondad y amor, por qué, por qué, oh, por qué ahora me ocultas tu verdadero propósito?».

• Versículos 13-17: «Lo veo ahora. Esto es lo que ocultaste en tu corazón. Me estabas observando para castigarme, buscando mis pensamientos y probando mi pecado».

• Finalmente, en palabras desgarradoras registradas en los versículos 18-22, Job le pregunta al Dios del universo, su propio Creador, como si ya no estuviera seguro de a quién le está hablando: «¿Por qué fui traído al mundo? ¿Por qué me sacaste del útero? Habría sido mejor que me hubiera ido directamente del útero a la tumba. ¿No puedes darme un respiro de tus implacables ataques, para que pueda tener un momento de alegría antes de que esté completamente exhausto y mi vida llegue a su fin? Ojalá nunca hubiera nacido».

DOS PISTAS

Las apariencias pueden ser engañosas. Pero dos pistas nos ayudan a ver lo que realmente está sucediendo aquí.

La primera es esta: Job siente que está en una oscuridad total y absoluta. No tiene dónde ir. No tiene argumentos que presentar. Parece que no hay ayuda para él en el cielo o en la tierra. Todo parece sombrío. Desearía haber muerto en el vientre de su madre.

La segunda pista es esta: el prólogo del libro nos permite, como espectadores, ver que Job está equivocado.

Mientras leemos, podemos observar algo que Job aún no puede ver sobre sí mismo. Sí, está en la oscuridad. Para él, está tan oscuro que no entiende que aún puede ver.

Pero Job todavía puede ver.

Por un lado, da una descripción poética y conmovedora de su propia creación:

Tú me hiciste con tus propias manos;
tú me diste forma.
¿Vas ahora a cambiar de parecer
y a ponerle fin a mi vida?
Recuerda que tú me modelaste, como al barro;
¿vas ahora a devolverme al polvo?
¿No fuiste tú quien me derramó como leche,
quien me hizo cuajar como queso?
Fuiste tú quien me vistió de carne y piel,
quien me tejió con huesos y tendones.
Me diste vida, me favoreciste con tu amor,
y tus cuidados me han infundido aliento. (Job 10:8-12)

Esta es una fe que lucha y agoniza. Pero es fe verdadera. Habla con elocuencia sobre la asombrosa maravilla de la obra del Creador. Esta es una meditación profunda y hermosa sobre la gentileza, la bondad, la creatividad y la imaginación de Dios. La elocuencia de Job va mucho más allá de lo que la mayoría de nosotros podría desear expresar al describir lo que Dios ha hecho en nuestra creación. Entonces, desde un punto de vista, Job lo ve con asombro.

Una visión sesgada

Pero observa lo que él también señala: «Pero ahora veo que allá en tu corazón tenías una intención secreta» (10:13, DHH). Él quiere expresar: «Dios, todo esto es solo una fachada. Es como la zanahoria que cuelga delante del burro. Este no es tu verdadero propósito. Has mostrado esta amabilidad, pero detrás de ella, como ahora me doy cuenta, hay terrible malicia».

El Salmo 102 registra una experiencia similar: «¡[Dios] me levantaste para luego arrojarme!» (Sal. 102:10b).

¿Es Dios un niño petulante que abre un regalo en la mañana de Navidad y, a media tarde, lo ha roto y lo hace a un lado?

Aquí, entonces, la oscuridad y la luz se entremezclan. Job cree que está en la oscuridad más densa.

Pero al leer sus palabras, podemos concluir que no lo está. Él ve algo.

La mayoría de las personas habitan en ciudades y rara vez experimentan una oscuridad total. Es imposible hacerlo en una ciudad moderna, a menos que haya un corte de energía en una noche totalmente nublada. Siempre hay suficiente luz para que nuestros ojos se ajusten y puedan distinguir algo en la oscuridad.

Mi familia vivía en la isla habitada más al norte del Reino Unido. Si las nubes aparecían en medio de la noche, no había luz residual. Podrías poner tu mano enfrente de la cara y no verla. Eso sí es oscuridad total.

Job no estaba en ese tipo de oscuridad. ¿La prueba? Todavía hablaba con Dios.

Por la gracia de Dios, la mayoría de nosotros nunca experimenta el tipo de oscuridad que Job tuvo. Pero en ocasiones, una gran oscuridad alcanza a los hijos de Dios. Isaías habla de la posibilidad de que los hijos de la luz caminen en la oscuridad por un tiempo (comp. Isa. 50:10).

Imagina que eres el pastor de Job, o simplemente uno de sus amigos. En este punto, tu tarea sería persuadir a este hombre que cree que está en la oscuridad total de que no lo está. Intentarías tomas esos atisbos de luz en su comprensión y sostenerlos delante de sus ojos.

La clave para ayudar a Job sería sentarse a su lado y decirle: «Job, en realidad puedes ver; tus propias palabras muestran esta realidad. Puedes ver a Dios. Puedes ver la gracia. Puedes ver evidencias de Su propósito. Ves la maravilla, la belleza y el genio de Su obra creadora. No estás en completa oscuridad».

Pero ¿cómo podrías mostrarle esto?

Al hacer dos preguntas.

PREGUNTA UNO: ¿CÓMO ES REALMENTE DIOS?

La cuestión de la naturaleza de Dios es fundamental para la vida cristiana. En cierto sentido, cada falla en la vida cristiana se remonta a una respuesta incorrecta a esta pregunta. La forma en que vivimos la vida cristiana es siempre una expresión de lo que pensamos sobre Dios.

«¿Cómo es realmente Dios?» es la gran pregunta del libro de Job. Son particularmente conmovedoras las palabras de Job en 10:13 (DHH): «Pero ahora veo que allá en tu corazón tenías una intención secreta».

Nos instan a preguntar: «¿Qué ha ocultado Dios en Su corazón?».

Job observa que Dios es magníficamente creativo y soberano. Pero no comprende cómo usa Su soberanía: «Y, aunque lo llamara y me respondiera, no creo que me concediera audiencia» (9:16).

¿Qué ha llevado a Job a una lógica tan perversa? Está sufriendo. Está clamando a Dios. Pero Dios aparentemente no lo escucha. Parece indiferente a la necesidad de Job.

Lo que Job no sabe es que Satanás es el instrumento inmediato y el agente de su sufrimiento. Hay una confusión de identidades en su mente. Es Satanás quien no le dará a Job alivio o paz.

Eso es exactamente «el artificio de Satanás». Él busca distorsionar nuestra visión de Dios y nuestra comprensión de Su carácter amable. El resultado es que nuestra disposición hacia Dios se tuerce. Comenzamos a pensar en Dios y a responderle *como si Él fuera el maligno*. El plan de Satanás es cegarnos a la gracia de Dios y disminuir nuestra confianza en Él, aplastando nuestro amor por Él y destruyendo todos los placeres de la gracia.

Escucha nuevamente a Job: «Recuerda que tú me modelaste, como al barro» (10:9). Pero ahora cree que Dios lo observa: «Si me levanto, me acechas como un león [...]. Contra mí presentas nuevos testigos» (10:16-17).

¿Ves lo diferente que es de los primeros capítulos de Job? Dios dijo: «Este hombre confía en mí. Este hombre me ama. Puedo poner mi reputación en sus manos». Dios no está en contra de Job; más bien, confía en la obra que ha realizado dentro de él. Job es, por así decirlo, el mejor alumno de Dios: confía en Él simplemente porque es Dios y ha demostrado ser totalmente confiable.

Es esta confianza la que Satanás busca destruir.

Satanás hace esto mediante una terrible estrategia. Busca confundir a Job sobre la verdadera identidad de su agresor. Una vez que Satanás ha tenido cierto éxito, Job comienza a decir cosas sobre Dios que son demostrablemente falsas. Está a punto de cambiar «la verdad de Dios por la mentira» (Rom. 1:25).

Así, como señala Calvino: «El objetivo de Satanás es conducir al santo a la locura mediante la desesperación».[30]

Es terrible ver a los cristianos al borde de la desesperación debido a esta confusión de identidades entre Dios y Satanás. El feroz guerrero que los ataca (como describe Job 16:14), no es el Dios y Padre de nuestro Señor Jesucristo. Es su enemigo, el maligno. Afortunadamente, como Martín Lutero solía decir: «El diablo es el diablo de Dios»; el Señor no ha abdicado Su trono.

Destellos de luz

Observa que hay pequeños destellos de luz aquí.

Lee detenidamente Job 10:16: «Si me levanto, me acechas como un león y despliegas contra mí tu gran poder». ¿A qué te recuerda esto? Seguramente a 1 Pedro 5:8-9: «Practiquen el dominio propio y manténganse alerta. Su enemigo el diablo ronda como león rugiente, buscando a quién devorar. Resístanlo, manteniéndose firmes en la fe...».

Si fuéramos espectadores en «Job: El drama» en un teatro, querríamos lanzar un Nuevo Testamento al escenario y gritar: «Job, tienes razón al pensar que estás siendo devorado por un león, pero lee 1 Pedro 5:8-9. Este pasaje contiene una pista». La forma en que Job describe a Dios aquí es la misma en que el Nuevo Testamento describe a Satanás. Ha habido una confusión de identidades, diseñada por el engañador. No es de extrañar que Job esté cerca de la desesperación.

Más tarde, Job nuevamente expresa esta misma sensación de identidad equivocada: «Yo vivía tranquilo, pero él me destrozó; me agarró por el cuello y me hizo pedazos; ¡me hizo blanco de sus ataques! Sus arqueros me rodearon. Sin piedad me perforaron los riñones, y mi hígado se derramó por el suelo» (Job 16:12-13).

Una vez más, considera que eres un espectador, observa cómo se desarrolla este drama y escucha cómo fluye este lenguaje desde las profundidades del alma de Job. ¿Qué quieres hacer instintivamente? Una vez más, deseas tomar un Nuevo Testamento, lanzarlo al escenario y gritar: «Job, lee Efesios 6:10-18. No estás luchando contra carne y sangre aquí. Dios ha provisto una armadura para que la uses».

El pobre Job es como un hombre que busca una pista sobre una experiencia que lo desconcierta.

Por un momento, parece que la verdad está casi a su alcance. El que se enfrenta a él es como un león que busca devorarlo y, al mismo tiempo, un enemigo que le está disparando y busca destruirlo. ¿Puede realmente ser Dios? ¿Sería tan despiadado en Sus asaltos?

En su respuesta a Bildad (Job 9), Job exclama en palabras que saltan de la página. Se destacan como un faro de luz en medio de la oscuridad. Está describiendo lo que cree que Dios le está haciendo. Pero luego hay un destello momentáneo de luz. Se pregunta si quizás las cosas no son como parecen. ¿Puede haber otra explicación muy diferente a todo lo que está pasando? Él exclama: «Si no lo hace él, *¿entonces quién?*» (v. 24, énfasis agregado).

En este punto más que en cualquier otro, si fueras un espectador de este drama, seguramente querrías gritar lo más fuerte posible: «Job, no es Dios quien está haciendo esto. Él te ama. Ha apostado Su reputación en ti. Satanás es quien te está haciendo todo esto, Job. Ya casi estás ahí. Oh, Job, continúa preguntándote: "Si no eres tú, Dios, ¿quién más puede ser?". Quizás puedas llegar a la respuesta».

Pero Satanás continúa desgastándolo, sobre todo a través de sus amigos. Aunque sus discursos contienen algunas de las teologías más sublimes que se encuentran en la Biblia, su aplicación falsa de la verdad amenaza con destruir a Job. Ciertamente nunca puede salvarlo o llevarlo a la luz.

Cuando Satanás lo engaña, y luego lo desgasta, es como si estuviera diciendo: «Job, ahora te tengo en mis manos. ¡Te tengo! Estás empezando a confundir mi personaje con el de Dios. Ese es exactamente mi plan. Quiero llevarte al punto donde lo odiarás».

Una estrategia bien probada

Al comienzo de la Biblia, Satanás empleó con éxito la misma estrategia contra Eva. Con la apariencia de una serpiente, Satanás declaró: «¿No ves que Dios te ha puesto en este maravilloso jardín, pero oculta Su disposición maligna hacia ti? ¿No dijo Él: "No debes comer la fruta de ninguno de estos árboles"?».

Dios realmente había dicho: «Todo esto es tuyo. Te lo doy para expresar mi amor por ti y mi alegría en ti. Pero, a cambio, quiero que me demuestres que confías en mí y me amas. Quiero tener el tipo de relación contigo en la que estás contento de ser hombre y no Dios. Quiero que me obedezcas, no solo por lo que te he dado, sino porque confías en mí como un Dios bueno y amable. Entonces te ordeno que no comas el fruto de un árbol en particular: el árbol del conocimiento del bien y del mal. Por el momento, no explicaré completamente por qué te estoy dando esta orden. Simplemente quiero que confíes en mí. Quiero que seas confirmado en tu amor y obediencia a mí. Quiero que demuestres que realmente crees que soy un Dios amable y que puedes confiar en mí para todo».

Pero Satanás le susurró a Eva: «¿Dios ha prohibido que comas de todos los frutos del jardín?». Eva intentó discutir. Pero a los pocos minutos, tal como ella misma reconoció, fue engañada (Gén. 3:13). De hecho, Dios había dado cada fruto al hombre y a la mujer para su placer, excepto uno. Solo el árbol del conocimiento del bien y del mal estaba fuera de los límites.

¿Por qué? ¿Era este árbol venenoso? Probablemente no. Se describe en los mismos términos que todos los otros árboles frutales (ver Gén. 2:9; 3:6). Pero Dios había designado este árbol específico como un caso de prueba. El amor por Él y la confianza en Él solo pueden crecer bajo condiciones de prueba. Esta era la prueba. Dios estaba diciendo: «Haz lo que te pido, simplemente porque sabes que yo soy quien te lo está pidiendo. Muéstrame que me amas poniendo mi voluntad primero. De esa manera crecerás en tu comprensión de lo que es bueno».

Pero Eva escuchó la voz equivocada. Quizás, después de todo, Dios les estaba ocultando algo bueno. «¿No se ve bien esa fruta?», insinuó la serpiente. «¿Por qué Dios te negaría algo bueno?». Eva tomó la fruta. Adán la siguió. El resto, como dice el refrán, es historia.

Eva fue engañada para creer lo que Satanás dijo sobre Dios en lugar de lo que Dios reveló sobre sí mismo.

Adán y Eva cambiaron la verdad de Dios por una mentira.

Esta es la explicación definitiva para el miedo profundamente arraigado, y apenas disimulado, en los corazones de los incrédulos: Dios quiere hacerles daño. Después de todo, si realmente creyeras que el

Creador de todo el universo quiere bendecir y enriquecer tu vida, ¿no lo buscarías?

A pesar de todas sus protestas de que creen en un Dios de amor, en el fondo la gente cree lo contrario. Temen que Dios quiera destruir sus vidas. No confían en Él; no lo aman; no le obedecen; no lo adoran; no lo quieren. También han cambiado la verdad de Dios por la mentira.

Pero incluso los creyentes que han progresado en su peregrinación se enfrentan a la misma mentira. Esta puede imponerse en nosotros debido a circunstancias, pruebas y perplejidades. Viene a través del «artificio de Satanás». ¿Por qué retiraría un arma que ha usado con tanto éxito durante milenios?

Si sabes que Dios es tu Padre amoroso y crees que es generoso al darte Su bondad; si sabes que Él te mantendrá en este mundo hasta que termines tu trabajo, que no te faltará nada bueno, y que al final de tu vida te llevará a Su presencia para siempre, todo porque te ama, ¿no confiarías en Él en cada situación?

Satanás odia que disfrutemos las bendiciones transformadoras de Dios. Quizás es porque él las ha perdido. Por eso se involucra en este engaño de confusión de identidad. Es por eso que hace todo lo que está en su poder para torcer nuestros pensamientos sobre Dios.

Él susurra: «Quizás Dios te está ocultando algo. Tal vez Su palabra no es verdadera. Quizás quiera arruinar tu vida. ¿Lo has considerado?».

Si escuchamos estas palabras, no debería sorprendernos que una confusión de identidades comience a tener lugar en nuestra mente. Pronto podremos imputar a Dios algunas de las características de Su archienemigo, el diablo. Por paradójico que parezca, esto es exactamente lo que Satanás quiere.

El cristiano, por lo tanto, comparte el conflicto de Job, incluso si no comparte sus terribles sufrimientos.

El Señor es bueno, verdadero, fiel y amable. Pero disfrutarlo depende en gran medida de lo que pensamos que realmente es. Por eso, engañarnos sobre el carácter de Dios es fundamental para la estrategia de Satanás contra nosotros.

PREGUNTA DOS: ¿DÓNDE PUEDO ENCONTRAR AYUDA?

Si la primera pregunta es: «¿Cómo es realmente Dios?», la segunda que debe hacerse Job es: «¿Dónde puedo encontrar ayuda?».

Job hace otra declaración importante sobre Dios: «Dios no es hombre como yo, para que juntos comparezcamos ante un tribunal. ¡No hay un juez aquí que decida el caso entre nosotros dos!» (9:32-33).

«Si tan solo hubiera alguien para arbitrar entre nosotros, alguien que fuera poderoso como Dios y, sin embargo, entendiera lo que significa ser débil y humano como yo. Si tan solo hubiera una persona que pudiera poner una de sus manos sobre el Dios todopoderoso y la otra sobre mí. Entonces, de alguna manera, podría aferrarse a los dos y unirnos. Si solo hubiera alguien así para arbitrar, entonces, tal vez...».

Más tarde, va aún más lejos: «¡Ah, tierra, no cubras mi sangre! ¡No dejes que se acalle mi clamor! Ahora mismo tengo en los cielos un testigo; en lo alto se encuentra mi abogado. Mi intercesor es mi amigo, y ante él me deshago en lágrimas para que interceda ante Dios en favor mío, como quien apela por su amigo» (Job 16:18-21).

Job es como un hombre que ha entrado en un cuarto oscuro. Se tambalea y estira la mano para agarrar el brazo de alguien en busca de seguridad. Pero no puede ver a la persona que está sosteniendo. Ha agarrado el brazo de alguien que estuvo en la habitación todo el tiempo. Pero ¿quién es? ¿Hay, después de todo, un amigo en el cielo para defender su caso?

Cuando Job tropieza en la oscuridad, lanza el grito más desgarrador de todo el drama: «Si no lo hace él, ¿entonces quién?» (Job 9:24b).

Aquí Job casi toca el interruptor de la luz en su habitación oscura. La mano siniestra que ha estado obrando en su vida casi se revela: una mano sobrenatural, pero no la de Dios. Si tan solo pudiera presionar el interruptor, vería a su enemigo. Si tuviera un Mediador, podría estar en paz.

Esto es exactamente lo que todos necesitamos. El valiente Job ha tropezado con la pista más importante para anclar su alma en medio de la tormenta. Su oscuridad es el resultado del artificio de Satanás: su ataque al deseo de Job de glorificar a Dios en todo.

Satanás incluso distorsionará el carácter de Dios ante sus ojos para destruir su confianza y amor por el gran y glorioso Creador. Pero Job se aferra a un rayo de esperanza de que alguien (como sabemos, el Señor Jesucristo) pueda rescatarlo.

Según el apóstol Juan, el Hijo de Dios vino al mundo para destruir las obras del diablo (1 Jn. 3:8). Solo el Dios-Hombre podía poner una mano sobre Dios y la otra sobre el hombre, y decir: «Ahora estaremos juntos». Para ser nuestro Salvador, Él tomó nuestra carne; se convirtió en un miembro de nuestra familia, experimentó nuestro sufrimiento y probó la oscuridad, clamando en la cruz del Calvario: «Dios mío, Dios mío, ¿por qué me has desamparado?» (Mat. 27:46). Entró en la oscuridad de Job, luchó contra su enemigo y confió en el Dios de Job en una oscuridad impenetrable. Él está calificado para ser nuestro Salvador.

La única respuesta

Entonces Job se aferra mientras lucha con las dos preguntas que lo confrontan: «¿Cómo es realmente Dios?» y «¿Dónde puedo encontrar ayuda?».

La respuesta a ambas preguntas es la misma.

¿Cuál es esa respuesta?

Cuando estamos en la oscuridad, no tiene sentido fingir estar en la luz, ¿verdad? No podemos señalar cosas en nuestra vida y decir: «Bueno, eso va bien. Entonces, tal vez no sea tan malo como pensaba». No, cuando estamos en la oscuridad, esa respuesta no brinda consuelo.

«Bueno», podríamos decir, «mira las bendiciones que una vez disfruté». Pero esas bendiciones del pasado pueden parecer las bendiciones del pasado de Job. «Sí», dijo, «veo estas bendiciones. ¿Pero estaba Dios ocultando un propósito diferente y más siniestro detrás de ellas?».

En última instancia, hay un solo lugar al que podemos ir para responder estas preguntas: «Pero Dios demuestra su amor por nosotros en esto: en que cuando todavía éramos pecadores, *Cristo murió por nosotros*» (Rom. 5:8, énfasis agregado).

No puedes confiar en tus experiencias para probar el amor de Dios. Sin duda, pueden darte pruebas de ello. Pero cuando estás en la oscuridad, esas mismas cosas pueden parecer burlarse de ti.

Hay un lugar al que puedes ir. El teólogo escocés James Denney dijo una vez que lo único en lo que envidiaba a un sacerdote católico romano era su capacidad de sostener un crucifijo ante una congregación y decir: «Dios te ama así».

No necesitamos ese símbolo para proclamar la realidad. Porque, como Pablo argumenta en Romanos 8:32, Dios no escatimó a Su propio Hijo, sino que lo entregó en la cruz por todos nosotros. No hay otra evidencia o argumento que pueda aportarse ante la oscuridad de la experiencia humana que pueda resistir la poderosa lógica de la evidencia del Calvario. Si Dios ha dicho: «Te amo tanto que di a mi Hijo en tu lugar», puedes confiar en Él en todo y para todo.

No necesito otro argumento,
No necesito otra súplica.
Es suficiente que Jesús muriera,
Y que muriera por mí.[31]

Todos hemos enfrentado estas dos grandes preguntas. Están lejos de ser triviales. Son las preguntas más importantes del mundo: «¿Cómo es realmente Dios?» y «¿Dónde puedo encontrar ayuda?».

La respuesta a ambas se encuentra en una sola palabra: Jesús.

Si estás en la oscuridad, ya sea dentro del reino de Cristo o fuera de él, aquí es adonde debes ir primero: a Jesús el Salvador, quien murió por nosotros en la cruz.

Confía en Él. Él frustra los artificios de Satanás.

7

Ven ahora, todo mi ser:
Ojos, oídos y voz.
Únete a mí, creación, con canto alegre:
¡Alabado sea el que rompió la cadena
Que me sostenía al dominio del pecado
Y me dio libertad!
¡Canta y regocíjate!

Capítulo 7

VERDADERA LIBERTAD

Comenzamos a explorar la gracia de Dios al notar que muchos himnos cristianos hablan de ella como «asombrosa» o «maravillosa». Sin embargo, a menudo no parecemos muy asombrados por la gracia.

Tristemente, es posible no asombrarse por la gracia de Dios, darla por sentado, como si fuera nuestra por derecho o, peor aún, por mérito. Por lo tanto, deshonramos la gracia de Dios. En el proceso, la melodía de la vida cristiana se pierde.

El himno de E. T. Sibomana, *¡Oh, cómo me asombra la gracia de Dios!*, nos muestra cómo volver a asombrarnos por la gracia. Su verso final vuelve al tema con el que comenzó. ¿Por qué la gracia es tan asombrosa? Porque nos da libertad.

Pero retomamos este tema desde otra perspectiva. Se nos invita a alabar:

¡Alabado sea el que rompió la cadena
Que me sostenía al dominio del pecado
Y me dio libertad!
¡Canta y regocíjate!

Pablo desarrolla este tema extensamente en Romanos 6. Es uno de los capítulos más importantes del Nuevo Testamento. Un conocimiento práctico de esto es esencial.

La carta a los romanos fue escrita a cristianos que, en general, nunca habían conocido a Pablo. En ella, Pablo explicó lo que llamó «mi evangelio» (Rom. 2:16; 16:25). Suponía que deberían estar familiarizados con muchas de las cosas que quería transmitirles. En el capítulo 6, apeló a la importancia de su bautismo para ayudarlos a comprender que habían muerto a la antigua vida y resucitado a una nueva. Señaló que hemos sido «liberados del pecado» (6:18).

Pablo consideró esta enseñanza como fundamental para la vida cristiana.

A veces imaginamos que nuestra mayor necesidad es pasar a la enseñanza «más elevada» o «más profunda» del evangelio. Pero, de hecho, nuestra verdadera necesidad es obtener una comprensión más profunda y firme de las verdades principales del evangelio. La debilidad aquí tiende a conducir a la debilidad en todas partes. Pablo consideró que debemos pensar mucho sobre lo que significa ser cristiano y, en particular, sobre lo que significa estar unido a Cristo. Esto es especialmente cierto en Romanos 6. Su enseñanza es fundamental para la vida cristiana.

Pablo plantea una pregunta básica: «¿Realmente entiendes cómo funciona la gracia de Dios?».

Libre del dominio del pecado, pero no de su presencia

Puede ser de ayuda poner su enseñanza en forma resumida antes de ver los detalles:

• El cristiano ya ha sido liberado del reino del pecado.

• Pero el cristiano aún no está libre de la presencia del pecado.

• Por lo tanto, el cristiano debe resistir el pecado, porque ya no es su esclavo.

El dominio o reinado del pecado se ha roto a través de nuestra unión con Cristo. En Cristo, ya no somos las personas que una vez fuimos; pertenecemos a la nueva creación: lo viejo ha pasado, lo nuevo ha llegado (2 Cor. 5:17).

Hemos muerto al pecado; ya no podemos vivir en él.

Este es un principio tan importante, que el más grande de los teólogos puritanos, John Owen, lo consideró fundamental para todo asesoramiento pastoral:

Por lo tanto, hay dos cosas difíciles en este caso:

1. Convencer a aquellos en quienes el pecado evidentemente tiene el dominio de su estado y condición...

2. Satisfacer a algunos en quienes el pecado no tiene el dominio sobre ellos, a pesar de que incesantemente actúa en ellos y lucha contra sus almas; sin embargo, a menos que esto se pueda hacer, es imposible que disfruten de paz y comodidad en esta vida.[32]

En Adán y en Cristo

Las palabras de Pablo en Romanos 6:1-14 no solo cayeron del cielo. Están integralmente relacionadas con su argumento en la sección anterior de Romanos 5:12-21. Allí, Pablo describió los efectos del pecado de Adán y cómo impactan a toda la humanidad.

Adán fue el primer hombre. En ese sentido, también fue el representante de toda la raza humana ante Dios. Su caída tuvo implicaciones para toda la humanidad. Por lo tanto, todos compartimos su pecado. Todos pecamos y todos morimos en Adán (Rom. 5:12-14).

Pero hay buenas noticias en el evangelio. Dios envió un segundo Adán, Jesucristo (estrictamente hablando, «el último Adán»; 1 Cor. 15:45). También representa a todo Su pueblo al deshacer lo que hizo Adán y al hacer lo que no pudo hacer.

¡Oh amorosa sabiduría de nuestro Dios!
Cuando todo era pecado y vergüenza,
Un segundo Adán a la batalla
Y al rescate vino.

¡Oh amor más sabio! Esa carne y sangre
Que fracasó en Adán,
Luchó de nuevo contra el enemigo,
Luchó y prevaleció.[33]

Entonces, argumenta Pablo, así como la desobediencia del primer Adán constituyó a muchos como pecadores, a través de la obediencia a Cristo, el nuevo Adán, muchos serán constituidos justos. Como resultado, donde el pecado abundaba en el mundo, la gracia ahora ha abundado (Rom. 5:20b).

Como lo expresó Isaac Watts:

En Él se jactan las tribus de Adán
Más bendiciones que las que perdió su padre.[34]

Pablo se percató de que alguien bien podría responder a esta enseñanza diciendo: «Lo que estás diciendo es que más pecado ha llevado a más gracia. Eso implica que, cuanto más pequemos, más manifestará Dios Su gracia. Si ese es el caso, la lógica de tu enseñanza es que podemos pecar cuanto queramos para que la gracia abunde».

¿Es esa la implicación lógica de la enseñanza de Pablo? «¿Vamos a persistir en el pecado para que la gracia abunde?» (Rom. 6:1). Por el contrario, responde Pablo, la lógica de la gracia es exactamente opuesta: en lugar de «más pecado conduce a más gracia, entonces podemos seguir pecando», la verdad es que «más gracia conduce a menos pecado, porque la gracia nos libera del pecado».

Esta verdad se convierte en la plataforma sobre la que Pablo construye su enseñanza en Romanos 6. Convertirse en cristiano implica nada menos que una liberación radical del dominio del pecado.

¿Cómo prueba esto Pablo? Una forma útil de trazar nuestro curso a través de su respuesta es planteando cuatro preguntas básicas sobre su enseñanza.

PREGUNTA UNO: ¿POR QUÉ?

Pregunta: ¿Por qué el cristiano ya no continúa en pecado?

Respuesta: Porque el cristiano murió al pecado y, por lo tanto, no puede seguir viviendo en él.

Pablo responde en dos aspectos a la sugerencia de que continuemos en pecado para que la gracia abunde. Primero, brinda una «reacción instintiva». Responde en cuanto al instinto cristiano. Luego proporciona una respuesta teológica en el ámbito de la comprensión y el razonamiento cristianos.

El cristiano en crecimiento responde a todo de esta doble manera. Por un lado, desarrollamos instintos cristianos como un deportista desarrolla «memoria muscular». Las reacciones bíblicas se convierten en una «segunda naturaleza» para nosotros. Pero también desarrollamos una mente cristiana que comprende las motivaciones que impulsan los instintos piadosos y la conexión entre la verdad del evangelio y la vida del evangelio.

La respuesta inicial de Pablo a la pregunta es: «¡De ninguna manera!» (Rom. 6:2a). Esa es una respuesta instintiva. Pablo no necesita detenerse, buscar versículos en su Biblia, luego meditar sobre el tema. Instintivamente sabe que esa pregunta debe basarse en una premisa falsa. Cualquier cosa que sea contraria al carácter sagrado de Dios y a un estilo de vida santo no puede ser coherente con el evangelio.

Pero Pablo también responde con cuidado en cuanto a la mente cristiana.

Él sigue su propio principio: «Sean niños en cuanto a la malicia, pero adultos en su modo de pensar» (1 Cor. 14:20). Es por eso que su explicación comienza con su característico «¿Acaso no saben ustedes...?» (Rom. 6:3). La transformación de nuestra vida tiene lugar a través de la renovación de nuestra mente: el pensamiento correcto sobre la verdad del evangelio motiva a vivir correctamente en el poder del evangelio (Rom. 12:1-2).

La lógica de la gracia

¿Por qué, entonces, una gracia mayor no justifica un pecado mayor? Simple: la naturaleza y la lógica de la gracia lo prohíben: «Nosotros, que hemos muerto al pecado, ¿cómo podemos seguir viviendo en él? ¿Acaso no saben ustedes que todos los que fuimos bautizados para unirnos con Cristo Jesús en realidad fuimos bautizados para participar en su muerte?» (Rom. 6:2b-3).

El bautismo es una ceremonia de nombramiento. Somos bautizados en el nombre de Cristo (Mat. 28:18-20). Somos transferidos simbólicamente de una conexión familiar a otra, de la familia de Adán a la familia de Jesucristo. Ya no tenemos la identidad que una vez tuvimos.

El bautismo también señala cómo se lleva a cabo esta transferencia: por nuestra unión con Cristo en Su muerte al pecado y Su resurrección a una nueva vida. Las implicaciones son profundas: si hemos muerto al pecado y hemos resucitado a una nueva vida en Cristo, se deduce que ya no podemos vivir para el pecado al que hemos muerto.

¿Cuál es la lógica aquí?

• Cristo Jesús *murió y resucitó*.

• En Su muerte, Cristo *murió al pecado* y, en Su resurrección, *resucitó a una nueva vida* (Rom. 6:10).

• Fuimos bautizados *en* Cristo Jesús.

• Al ser bautizados en Cristo, fuimos bautizados *en Su muerte al pecado y en Su resurrección a una nueva vida*.

Por lo tanto:

• Al ser bautizados en Cristo, hemos sido bautizados *en Su muerte al pecado y en Su vida a Dios*.

• Dado que esto es así, nosotros, habiendo sido bautizados en Él en Su muerte al pecado y resucitados en Su nueva vida, ya no podemos vivir para el pecado.

Las palabras de Pablo fueron cuidadosamente escritas. «Nosotros, que hemos muerto al pecado, ¿cómo podemos seguir viviendo en él?» (v. 2) podría traducirse mejor de la siguiente manera: «Nosotros, que somos personas que murieron al pecado, ¿cómo podemos vivir en él por más tiempo?». Vivir en pecado sería una contradicción al tipo de persona en la que nos hemos convertido en Cristo.

Entonces, la respuesta a la primera pregunta: «¿Por qué el cristiano ya no continúa en pecado?», es que el cristiano ya no es la persona que alguna vez fue y, por lo tanto, ya no vive su antiguo estilo de vida. Habiendo muerto al pecado, no podemos seguir viviendo en él. Pero esto plantea una segunda pregunta.

PREGUNTA DOS: ¿QUÉ?

Pregunta: ¿Qué significa haber muerto al pecado?

Respuesta: Somos liberados del reinado del pecado y ya no estamos bajo su autoridad.

Todo cristiano ha muerto al pecado. Si no has muerto al pecado, no eres un cristiano. Es tan simple como eso.

La expresión «muertos al pecado» aparece solo aquí en el Nuevo Testamento. ¿Qué significa eso? Consideremos lo que Pablo *no* quiso decir.

Primero, Pablo no utilizó el tiempo presente. No escribió que estamos muriendo al pecado. No habló de algo que está sucediendo, sino de algo que ya pasó.

Segundo, Pablo no usó el modo imperativo (no dio una orden). No escribió: «Debes morir al pecado». Ni siquiera escribió: «Continúa muriendo al pecado». Señaló que hemos muerto. No se refirió a algo que logramos, sino a algo que ya es cierto en nosotros.

Tercero, Pablo no estableció que nos hemos vuelto inmunes al pecado. En ocasiones, esa opinión ha sido popular. Se expresa en la paráfrasis de J. B. Phillips: «Se puede decir con seguridad que un hombre muerto es inmune al poder del pecado».[35] Una vez conocí a una señorita cristiana que decía estar libre de pecado. En el curso de nuestra discusión, se irritó mucho, discutió y luego se enojó. Pero ella no parecía considerar eso como pecado. Pablo claramente no dice que el cristiano es inmune. Eso es contrario a la enseñanza del resto del Nuevo Testamento en general, a la experiencia personal y a lo que Pablo señala más adelante en este capítulo cuando nos insta a resistir el pecado (Rom. 6:11-14), una exhortación que sería innecesaria si fuéramos inmunes a él.

¿Qué es, entonces, estar muertos al pecado?

El contexto más amplio nos será de ayuda. En Romanos 5:12–6:23, Pablo prácticamente personifica el pecado; es decir, usa un lenguaje personal para describir la naturaleza e influencia del pecado. El pecado, señala, no es un acto aislado de desobediencia, sino un poder que nos atrapa y nos controla. Así, el pecado es un rey que gobierna (5:21; 6:12), un dueño de esclavos y nosotros somos sus siervos (6:6, 16), y un general en cuyas armas nos hemos convertido (6:13, «instrumentos»; la palabra griega es *hopla*, «armas»).

También habla de «la paga del pecado» (6:23): el pecado es un empleador cuya estructura salarial para los pecadores solo les trae muerte.

Entonces, desde Romanos 5:12 hasta Romanos 6:23 (y más allá), Pablo piensa en el pecado principalmente como un poder siniestro que nos esclaviza. Somos dominados por él, adictos a él, como las esposas maltratadas a veces son con sus maridos viciosos, e impotentes para liberarnos de él.

¿Qué diferencia hace estar «en Cristo»?

Anteriormente, el pecado era nuestro rey, dueño, general y empleador. Pero ya no. Hemos sido liberados. En la muerte de Cristo al dominio del pecado, hemos muerto con Él. Por lo tanto, el pecado no tiene más reclamo sobre nosotros. Ya no somos sus ciudadanos, ya no estamos bajo su gobierno o autoridad, aunque seguimos sintiendo su influencia.

Hemos dejado un reino y nos hemos convertido en ciudadanos de otro. Ahora pertenecemos a la comunidad de aquellos que han muerto al reino del pecado. El pecado ya no reina sobre nosotros.

Pablo establece este mismo punto de forma resumida en Colosenses 1:13-14: «Él nos libró del dominio de la oscuridad y nos trasladó al reino de su amado Hijo, en quien tenemos redención, el perdón de pecados».

Imagina que has adoptado la ciudadanía de un país diferente a donde naciste. Tu exgobernante exige tu lealtad. Tienes derecho a responder: «Ya no tienes autoridad sobre mí». De hecho, sería contradictorio para nosotros, como ciudadanos de un nuevo país, vivir como si estuviéramos bajo la autoridad del antiguo. Del mismo modo, seguir viviendo en pecado cuando hemos muerto a él es una especie de traición a nuestra verdadera identidad en Cristo.

La necesidad de claridad

Es posible que hayas sido cristiano por algún tiempo y, sin embargo, no hayas comprendido tu nuevo estado en Cristo. Es posible que aún te sientas intimidado por el carácter dominante del tirano que una vez te gobernó.

Los creyentes a veces suponen erróneamente: «He pecado; por lo tanto, el pecado todavía tiene autoridad sobre mí. No es posible que haya muerto al pecado».

Pablo contradice inequívocamente este pensamiento. El pecado no tiene autoridad sobre nadie que esté en Cristo. Ya no estás bajo su dominio. Recibiste una nueva identidad. Moriste en ese viejo reino. Resucitaste a través de Cristo al nuevo reino donde Él, y no el pecado, gobierna. Desde este punto de vista, puedes mirar atrás a tu antiguo rey y decir: «Una vez me gobernaste, pero ya no. Soy ciudadano del reino de mi Señor y Salvador Jesucristo. Solo Él reina sobre mí ahora». Puede que aún no seas lo que algún día serás; pero gracias a Dios, ya no eres lo que una vez fuiste (Rom. 6:17-18).

Pablo pregunta a los cristianos en Roma: «¿No saben esto? ¿Hubo un error en la enseñanza que les dieron? Cuando se bautizaron y entraron en la comunión de Jesucristo, ¿nadie les dijo que esto es lo que significa ser cristiano?».

Quizás eso era cierto en algunas de las primeras iglesias. Los creyentes no siempre sabían estas cosas. Tal vez nadie les enseñó. Si es así, es probable que también sea cierto en las iglesias contemporáneas. Quizás nadie te haya explicado que no importa lo que el pecado, en cualquiera de sus formas, pueda decir, ya no estamos bajo su dominio. Ya no tiene motivos para chantajearnos.

No tiene derecho a paralizarnos y hacernos pensar que no podremos progresar en la vida cristiana porque nunca seremos libres del pecado que prevalece.

Disfruto leyendo novelas policiales y con frecuencia me he relajado en largos viajes leyendo las novelas de Anne Perry. Muchas de sus historias se desarrollan en el Londres del siglo XIX. Uno de sus personajes principales es un detective llamado William Monk (que no debe confundirse con el detective de televisión estadounidense Adrian Monk). Su vida y aventuras se hacen más intrigantes por un evento en su pasado. Mientras era oficial de policía en Londres, fue arrojado de un carruaje tirado por caballos que iba a gran velocidad. Monk sobrevivió, pero perdió la memoria. Como resultado, en ocasiones se encuentra en gran desventaja porque no tiene memoria de lo que le sucedió en el pasado. No sabe quién era, por lo que no comprende claramente quién es.

Este es un problema para muchos cristianos. Perdemos contacto con la persona que las Escrituras enseñan que realmente somos.

Quizás nunca entendimos realmente que ser cristiano significaba recibir una nueva identidad en Cristo.

La idea que Pablo transmite es: «Cristianos de Roma, necesitan entender quiénes son realmente. Ustedes son personas con una nueva ciudadanía. Ya no están bajo el dominio del pecado. Esto hace una diferencia radical en la forma en que vives la vida cristiana. Te libera del cautiverio».

Es fácil leer este pasaje y decir: «Pablo, no estás hablando de mí. Ciertamente no me considero alguien que haya muerto al pecado».

Si eso es cierto, has sufrido un grave accidente. Eres como William Monk, constantemente en situaciones que no puedes manejar de forma adecuada porque sufres de amnesia espiritual. No entiendes con claridad tu identidad en Cristo. Siempre estás tratando de arreglar las cosas, pero nunca tienes claridad.

Pero cuando comienzas a entender que en Cristo moriste al pecado y fuiste liberado de su dominio, que ya no estás bajo su esclavitud, que ya no necesitas ser víctima de su parálisis, entonces no solo preguntas: «¿No es esta gracia asombrosa?», sino que también exclamas: «¡Qué gloriosa libertad me ha comprado Jesucristo en la cruz!».

PREGUNTA TRES: ¿CÓMO?

Pregunta: ¿Cómo hemos muerto al pecado?

Respuesta: Hemos muerto al pecado al unirnos a Jesucristo en la fe para que también compartamos Su muerte al pecado y Su resurrección a una vida nueva.

¿Qué hemos aprendido?

Primero, los cristianos no podemos continuar en pecado porque hemos muerto al pecado.

Segundo, morir al pecado significa que somos liberados del reinado del pecado y ya no estamos bajo su autoridad (a pesar de que aún no hemos sido liberados de la presencia del pecado).

Esta tercera pregunta, por lo tanto, es absolutamente crítica: ¿cómo hemos muerto al pecado?

Pablo responde: «Piensa en lo que significa el bautismo». ¿No sabes que todos los que han sido bautizados fueron bautizados en Cristo Jesús? Eso significa que fuimos bautizados en Su muerte y Su resurrección.

El bautismo (Pablo se refería al bautismo en agua) es una señal visible de todo lo que recibimos por fe en Jesucristo.

Visto solo como algo hecho con agua, el bautismo no es nada en sí mismo. El agua es simplemente agua. Pero como una señal con un significado, el bautismo se convierte en un espejo de las riquezas espirituales que tenemos en Cristo. La fe que responde a la señal del bautismo se aferra a Jesucristo y nos une a Él de tal manera que todo lo que ha hecho por nosotros se vuelve nuestro en el momento en que creemos.

Cristo murió *por* nuestros pecados, pero también murió *al* pecado; es decir, al dominio del pecado. Fue resucitado a una nueva vida. Por lo tanto, en el momento en que creo en Jesucristo, comparto Su muerte al dominio del pecado y soy unido a Él en el poder de Su resurrección a una nueva vida, la vida que Él vive por siempre para Dios (Rom. 6:10).

De esta manera, los viejos poderes que me tenían en sus manos han sido derrocados de manera decisiva. La antigua ciudadanía que me mantuvo prisionero del pecado queda anulada de una vez por todas.

Observa cómo Pablo explica esto en Romanos 6:5: «En efecto, si hemos estado unidos con él en su muerte, sin duda también estaremos unidos con él en su resurrección».

«Sin duda también estaremos…». ¿Sabes esto?

Esta perspectiva no se basa en nuestros sentimientos. Lo aprendemos de la Palabra de Dios. Si no sabes esto, debes aprenderlo. Estudia este pasaje y otros similares (por ej., Col. 3:1-16). Pídele al Señor que te ayude a entender Su Palabra y que permita que more en ti en abundancia.

Mastica estos pasajes como un perro roe un hueso. Persevera en esta enseñanza hasta que te cautive. Medita en ella hasta que exclames: «¡Oh, cómo me asombra la gracia de Dios!».

El viejo hombre crucificado

El corazón de la enseñanza de Pablo radica en la declaración que hace en Romanos 6:6-7: «Sabemos que nuestra vieja naturaleza fue crucificada con él para que nuestro cuerpo pecaminoso perdiera su poder, de modo que ya no siguiéramos siendo esclavos del pecado; porque el que muere queda liberado del pecado».

¿Qué quiere decir?

Primero, dado que hacerse cristiano significa estar unido a Jesucristo, «nuestra vieja naturaleza [literalmente, "viejo hombre"] fue crucificada con Él». ¿Qué quiere decir Pablo?

Romanos 6:1-14 se basa en Romanos 5:12-21. Allí Pablo coloca la universalidad del pecado y la maravilla de la salvación en su contexto más básico. Su enseñanza se puede expresar en términos simples. Por naturaleza estamos en Adán. Adán fue el primer hombre, pero también fue el padre y el representante de toda la raza humana. Como tal, su respuesta al mandato de Dios determinó el estado de toda la familia humana.

Adán pecó y cayó. En él, también pecamos. Además, dado que compartimos su humanidad, su pecado se extendió a todos nosotros. El resultado es que, en Adán, todos pecaron y todos murieron.

Nuestra unión con Adán nos pone bajo la culpa y el poder del pecado; en Adán, somos dominados por el viejo orden.

Pero Dios comenzó de nuevo en Jesucristo: Él es el nuevo Adán. Por gracia, estamos en Cristo. Al igual que Adán, Cristo fue nuestro representante. Él vino como el segundo Adán.

A diferencia de Adán, Jesús fue obediente. El nuevo Hombre revirtió la desobediencia del primero. El efecto de la obediencia de Jesús en la vida y en la muerte es lo opuesto al efecto de la desobediencia de Adán. Su obediencia trae justificación en lugar de condenación, y vida en lugar de muerte.

Entonces, la enseñanza de Pablo en Romanos 5:12-21 se puede resumir de esta manera:

• Dos hombres, Adán y Cristo, fueron nombrados por Dios como cabezas representativas.

• Dos respuestas opuestas a Dios marcaron sus vidas: Adán desobedeció, Jesús obedeció.

• Hubo dos resultados: muerte, en el caso de Adán; vida, en el caso de Cristo. El viejo orden caído se estableció en Adán; el nuevo orden se establece en Cristo.

Por naturaleza, entonces, pertenecemos a la familia de Adán y estamos bajo el dominio del pecado; vivimos dentro de la esfera de la rebelión contra Dios. Pero ahora que hemos venido a Cristo, hemos sido transferidos de la familia de ese viejo hombre, Adán, a la familia del segundo Adán, el nuevo Hombre, Jesucristo.

El resultado de todo esto es que «el viejo hombre» —todo lo que éramos cuando nos unimos a Adán— ha muerto.

Nuestras biografías como cristianos están escritas en dos volúmenes: el «Volumen 1» describe nuestra vida anterior sin Cristo; el «Volumen 2» describe nuestra nueva vida en Cristo. Pero Pablo se refiere a más que esto. Se trata de dos reinos, dos familias, dos órdenes de realidad a los que pertenecen hombres y mujeres, por naturaleza y por gracia, en Adán y en Cristo.

Así que, convertirse en cristiano no es solo aprender un idioma extranjero. De hecho, nos hemos convertido en ciudadanos de un nuevo reino, miembros de una nueva familia. El dominio del viejo orden sobre nosotros se ha roto. La conexión con Adán se ha roto. Las influencias que dominaban nuestras vidas han sido superadas. El «hechizo» del pecado sobre nosotros se rompió de una vez por todas. Sí, de hecho, «nuestra vieja naturaleza fue crucificada».

Pero ¿cómo se puede romper el reino del pecado cuando continuamos pecando y experimentamos un conflicto incesante con la carne?

Piénsalo de esta manera. Un hombre ha sido liberado de una adicción. ¿Se convierte al instante en alguien físicamente perfecto? No; se pudo haber causado un gran daño a sí mismo. ¿Está ahora libre de la tentación? De ningún modo. Sin embargo, el gobierno de su adicción sobre él se ha roto. Ahora es libre de comenzar de nuevo, deshacer lo que se hizo mal y crecer en salud física, moral y espiritual.

Cuando una persona se libera de una adicción, los efectos permanecen y la «atracción» de la antigua vida persiste. La vigilancia constante es esencial. Es exactamente lo mismo con la «adicción» al pecado (y todos somos por naturaleza adictos al pecado de una forma u otra). La adicción se rompe para que su energía ya no domine nuestras vidas. Ya no lo queremos; no es parte de la vida familiar que ahora disfrutamos. Pero aunque ya no queremos la vieja forma de vida, no estamos libres de su influencia continua. Puede que seamos cada vez más santificados, pero aún no hemos sido glorificados. Estamos libres del cruel dominio del pecado, pero todavía no estamos libres de su presencia seductora. Entonces luchamos contra su influencia por el resto de nuestra vida.

Pero ser influenciado por el pecado interno no es lo mismo que estar bajo su dominio. En Cristo, la gracia reina. Somos libres. Estamos bajo una nueva autoridad.

La anulación del poder del pecado

Ahora, Pablo enseña que el viejo hombre fue crucificado «con Él [Cristo] *para que nuestro cuerpo pecaminoso perdiera su poder*, de modo que ya no siguiéramos siendo esclavos del pecado» (Rom. 6:6, énfasis agregado). La Biblia no enseña que el cuerpo como tal es pecaminoso. Pero nuestros cuerpos se han convertido en instrumentos del pecado y comparten nuestra adicción a él.

En y a través de nuestros cuerpos, el pecado reina. Expresa ese reinado a través de los ojos, los oídos, las manos, la lengua, los pies. El cuerpo, por naturaleza, está dominado por el pecado. «Pero —señala Pablo—, en este cuerpo, sí, en este cuerpo, he sido liberado del dominio del pecado. El viejo hombre ha sido crucificado con Cristo para que este cuerpo, en el que una vez reinó el pecado, ya no sea el cuerpo en el que el pecado reine ahora».

Cuando la fiebre amenaza nuestra salud, estamos a su merced. Pero luego, la fiebre cede y el cuerpo puede recuperarse. Es el mismo cuerpo; puede continuar teniendo las marcas de haber tenido fiebre. Pero ahora está saludable. Poco a poco, comienza a recuperar su fuerza.

Así es en la vida del cristiano. Nuestra adicción al dominio del pecado ha sido rota. Sí, el cuerpo se liberará de la presencia del pecado y se perfeccionará solo en la resurrección, pero el cuerpo en el que vive el cristiano es ahora, por gracia, tierra infértil para el pecado y tierra fértil para la santidad. No obstante, el suelo «infértil» no es suelo «imposible». Por eso Pablo nos insta a continuar vigilantes (Rom. 6:11-14).

El cristiano santificado

Más tarde, Pablo señala en Romanos 12:1-2 que la santidad se expresa a través del mismo instrumento que el pecado usó para expresarse: «Por lo tanto, hermanos, tomando en cuenta la misericordia de Dios, les ruego que cada uno de ustedes, en adoración espiritual, ofrezca su cuerpo como sacrificio vivo, santo y agradable a Dios. No se amolden al mundo actual, sino sean transformados mediante la renovación de su mente...».

Una vida transformada se expresa en tu cuerpo: a través de tus ojos y lo que ves; a través de tus oídos y lo que oyes; a través de tus manos y lo que tocas; a través de tu lengua y lo que dices; y a través de tus pies y hacia dónde vas. Todo se convierte en tierra fértil para Cristo. Entonces cantamos: «Toma mi vida y deja que sea consagrada, Señor, a ti [...]. Toma mis manos [...] mis pies [...] mi voz [...] mis labios [...] mi voluntad [...] mi corazón [...] a mí mismo.[36] En otras palabras: «Toma todo lo que soy en el cuerpo; ahora todo es tuyo, Señor Jesús».

Todo esto depende de «la renovación de tu mente». En otras palabras: «¡Piensa!». Eso es lo que debemos aprender a hacer.

Piensa especialmente si has entregado tu cuerpo al pecado. Jesucristo puede recuperar ese cuerpo a través de Su gracia y para Su gloria. Puede transformarte porque, en Él, eres liberado del dominio del pecado. Eso es exactamente lo que enseña Pablo: «nuestra vieja naturaleza fue crucificada con Él [Cristo] *para que nuestro cuerpo pecaminoso perdiera su poder, de modo que ya no siguiéramos siendo esclavos del pecado*» (énfasis añadido).

Sin embargo, algunos que son de Cristo sienten que todavía son esclavos del pecado. No suelen compartir ese secreto con nadie. Han luchado con fuertes tentaciones y creen que siguen siendo esclavos del pecado.

Seamos claros sobre esto: los cristianos son esclavos de Jesucristo, no del pecado. Hemos sido liberados de la esclavitud al pecado. Pero es posible que la presencia del pecado en nuestras vidas nos engañe, y pensemos que todavía estamos bajo su dominio.

De vez en cuando, durante la segunda mitad del siglo xx, llegaban noticias sobre algunos soldados que se quedaron a vivir en la jungla años después del final de la guerra en la que habían luchado. La guerra había terminado; estos hombres habían sido liberados hacía mucho tiempo; podrían haber vivido en sociedad sin temor a ser capturados, sin temor al enemigo. Pero no sabían la verdad sobre su situación.

Así sucede a veces con los cristianos. Podemos ser engañados por la presencia continua del pecado al pensar que somos sus esclavos. Incluso podemos ser conducidos a la desesperación. No nos damos cuenta de que la gracia de Dios en Jesucristo nos libera del dominio del pecado y, por lo tanto, nos permite entablar una batalla contra la presencia del pecado y vencerlo.

Así que aquí está la respuesta a la pregunta: «¿Cómo hemos muerto al pecado?». Nos hemos unido a Jesucristo en Su muerte al pecado y en Su resurrección a una nueva vida. Hemos sido creados en un nuevo orden de realidad, donde el pecado ya no reina porque la gracia reina.

PREGUNTA CUATRO: ¿CUÁL?

Pregunta: ¿Cuáles son las implicaciones de esta enseñanza?

Respuesta: Somos llamados primero a creer en esta enseñanza y luego a vivir a la luz de ella.

La primera pregunta fue: «¿Por qué el cristiano ya no continúa en pecado?».

La respuesta: el cristiano murió al pecado y, por lo tanto, no puede seguir viviendo en él.

La segunda pregunta fue: «¿Qué significa haber muerto al pecado?».

La respuesta: somos liberados del reinado del pecado y ya no estamos bajo su autoridad.

La tercera pregunta fue: «¿Cómo hemos muerto al pecado?».

La respuesta: hemos muerto al pecado en el sentido de que estamos unidos a Jesucristo en la fe y compartimos Su muerte al pecado y la resurrección a una vida nueva.

Pablo contesta la cuarta pregunta para enseñarnos el resultado práctico del evangelio.

Primero, señala: «De la misma manera, también ustedes considérense muertos al pecado, pero vivos para Dios en Cristo» (Rom. 6:11). No malinterpretes a Pablo. No está diciendo que moriremos al pecado solo si creemos que hemos muerto al pecado. Está diciendo que, si eres cristiano, esta es la verdad sobre ti.

Has muerto al pecado. Por lo tanto, cuenta con ello; vive a la luz de eso.

Cuenta con ello

Este vocabulario de Pablo proviene del mundo de la contabilidad. ¿Qué hace un contador? Calcula; cuenta. Luego le dice a su cliente: «Esta es la situación; estos son tus recursos; esto es con lo que puedes contar».

Eso mismo enseña Pablo. Por eso, enfatiza que hay cosas que necesitamos saber. Si no las conocemos, no podemos contar con ellas.

Si no has comprendido que a través de la unión con Jesucristo has muerto al dominio del pecado y has sido resucitado a una nueva vida, nunca contarás con ello y nunca vivirás a la luz de eso.

Dios declara: «Querido hijo, ¿no entiendes lo que hice al atraerte a la fe en mi Hijo, el Señor Jesús? En Él has muerto a la vieja vida y has resucitado a la nueva vida. Has muerto al pecado, ya no tiene dominio sobre ti. ¡Cuenta con eso! Considérate muerto al pecado, pero vivo para Dios en Cristo Jesús».

Ahora estás en posición de rechazar que el pecado reine en tu cuerpo mortal y te obligue a obedecer sus malos deseos (v. 12). Eres capaz de resistir la presión que aún sientes por el pecado interno. Puedes decir: «Sé que estás allí; siento tu influencia y tu presencia, pero ya no estoy bajo tu autoridad. Por lo tanto, no te dejaré reinar. Por la gracia de Dios, he sido liberado de tu dominio, y estoy decidido a vivir como alguien que está bajo el dominio de mi Señor Jesucristo».

Esto es lo que lleva a Pablo a su exhortación: «No ofrezcan los miembros de su cuerpo al pecado como instrumentos de injusticia; al contrario, ofrézcanse más bien a Dios como quienes han vuelto de la muerte a la vida, presentando los miembros de su cuerpo como instrumentos de justicia» (v. 13).

Así, entonces, es cómo debo pensar sobre mí:

¿Quién soy?

• Fui resucitado a una nueva vida en Jesucristo.

• Ya no estoy bajo el dominio del pecado.

• ¿Qué debo hacer entonces con estos instrumentos que Dios me ha dado?

• ¿Qué escucharé con mis oídos?

• ¿Qué voy a mirar con los ojos?

• ¿Qué haré con mis manos?

• ¿Qué voy a decir con mi lengua?

• ¿Qué dirección tomaré con mis pies?

Aquí está la respuesta del creyente:

Toma mi vida y deja que sea consagrada, Señor, a ti.
Toma mis momentos y mis días;
deja que fluyan en alabanza incesante.

Toma mis manos y permite que se muevan
por el impulso de tu amor.
Toma mis pies y deja que sean rápidos y hermosos para ti.

Toma mi voz y déjame cantar siempre, solo para mi Rey.
Toma mis labios y deja que se llenen de tus mensajes.

Toma mi amor, mi Señor, derramo a tus pies su tesoro.
Tómame, y seré siempre, solo tuyo.[37]

Voy a ofrecer todo lo que soy: mis ojos, mis oídos, mis manos, mi lengua y mis pies a mi Señor Jesucristo. Entonces el reino de Su gracia establecido en mi vida se desbordará cuando lo sirva para Su gloria.

Esta, entonces, es la verdad: «Así el pecado no tendrá dominio sobre ustedes, porque ya no están bajo la ley, sino bajo la gracia» (v. 14).

Ahora vivo en el nuevo mundo de la gracia. Ya no vivo en el dominio del pecado, sino en el dominio de la gracia. Soy libre por fin.

Ese es el significado del último verso en el himno del pastor Sibomana:

¡Alabado sea el que rompió la cadena
Que me sostenía al dominio del pecado
Y me dio libertad!
¡Canta y regocíjate!

Estas palabras hacen eco de un antiguo himno:

Sé del pecado la doble cura.
Límpiame de su culpa y poder.[38]

¿Has comenzado a experimentar «la doble cura»? Se encuentra en el perdón de la culpa del pecado y la ruptura del poder del pecado. Ambos son nuestros mediante la fe en Jesucristo. Y son nuestros solo por gracia.

Esa es la gracia de Dios. Cuando la descubres, es absolutamente increíble.

Te dan ganas de cantar:

«¡Oh, cómo me asombra la gracia de Dios!».

NOTAS

1 Del himno *Sublime gracia*, John Newton, 1779.
2 Del himno *Cuán hermosa es la cruz*, Isaac Watts, 1707.
3 Del himno *Cómo puede ser*, Carlos Wesley, 1738.
4 Del himno *¡Cuán grande amor!*, Charles H. Gabriel, 1905.
5 William Law, *A Serious Call to a Devout and Holy Life*, fue publicado por primera vez en 1728 y se convirtió en un texto básico para el grupo de amigos que, junto a Juan y Carlos Wesley, formaron lo que se conoció como «el club santo». El grupo incluía a George Whitefield, quien escuchó de su reputación incluso antes de asistir a la Universidad de Oxford.
6 Del himno *And Can It Be That I Should Gain* [Cómo puede ser].
7 Ibíd.
8 De la canción *Dedicated Follower of Fashion*, de Ray Davies y Raymond Douglas, 1966.
9 Del himno Cómo puede ser.
10 Ibíd.
11 Robert Burns, Tam O'Shanter: A Tale.
12 De la canción (I Can't Get No) Satisfaction, Mick Jagger y Keith Richards, 1965.
13 Ver Kenneth Bailey, *The Cross and the Prodigal*, (Downers Grove, Ill.: InterVarsity, 2005), 66ss. Quizás nadie mejor que el Dr. Bailey ha mostrado cómo un palestino del primer siglo habría «escuchado» la parábola del hijo pródigo. Además, sus reflexiones en *Poet and Peasant* (1976) y *Through Peasant Eyes* (1980), ed. comb. (Grand Rapids: Eerdmans, 1983), *Finding the Lost: Cultural Keys to Luke 15*, (St. Louis: Concordia, 1992), y *Jacob and the Prodigal*, (Downers Grove, Ill.: InterVarsity, 2003) nos proporcionan claridad y una emocionante lectura.
14 Kenneth E. Bailey, *Poet and Peasant* (Grand Rapids: Eerdmans, 1976), 181.
15 Del himno Sublime gracia.
16 Relató su historia en *Pride and Perjury*, (Nueva York: HarperCollins, 2000).
17 Del himno *Hay un precioso manantial*, William Cowper, 1771.
18 Del himno *How Deep the Father's Love For Us*, Stuart Townend, 1995.
19 Del himno *Man of Sorrows! What a Name*, Philip Bliss, 1875.
20 Del himno *He Stood before the Court*, Christopher Idle, 1982.

21 Christopher Lasch, *The Culture of Narcissism*, (Nueva York: W. W. Norton & Co., 1979). Narciso fue una figura de la mitología griega que se enamoró de su propio reflejo, al contemplarlo en un río.

22 Del poema de J. H. Newman, *The Dream of Gerontius*, 1865.

23 Del himno Man of Sorrows! What a Name.

24 Juan Bunyan, *The Pilgrim's Progress* (publicado originalmente en 1678), ed. Roger Sharrock (Harmondsworth: Penguin, 1965), 57.

25 Juan Bunyan, *Grace Abounding to the Chief of Sinners*, en *The Works of John Bunyan*, ed. G. Offor (Glasgow, 1854), 1:18.

26 Juan Bunyan, The Pilgrim's Progress, 57.

27 Del himno Approach, My Soul, the Mercy Sea, John Newton, 1779

28 Benjamin B. Warfield, Biblical Doctrines, (1929; reimp., Edinburgo: Banner of Truth, 1988), 504.

29 Del himno *Ante el trono celestial*, Charitie Bancroft, 1863.

30 Juan Calvino, *Institutes of the Christian Religion*, trad. Henry Beveridge (Peabody, Mass.: Hendrickson, 2008), 136.

31 Del himno *My Faith Has Found a Resting Place,* Lidie H. Edmunds, 1891.

32 John Owen, *A Treatise of the Dominion of Sin and Grace* (1688), en *The Works of John Owen*, ed. William Goold (Edinburg: Banner of Truth, 2001), 7:517.

33 Newman, *The Dream of Gerontius*.

34 De una paráfrasis del Salmo 72 «Jesús reinará», Isaac Watts, 1719.

35 J. B. Phillips, *The New Testament in Modern English*, (Londres: Geoffrey Bles, 1960), 323.

36 Del himno *Take My Life and Let It Be*, Frances R. Havergal, 1874.

37 Ibíd.

38 Del himno «Rock of Ages, Cleft for Me» [«Roca eterna, golpeada por mí»] de Augustus M. Toplady, 1776.